O MILAGRE DO PRIMEIRO DIA

COMO SER CONSTANTE

VINICIUS DINIZ

O MILAGRE DO PRIMEIRO DIA

COMO SER CONSTANTE

VINICIUS DINIZ

LETRAMENTO

Copyright © 2024 by Editora Letramento
Copyright © 2024 by Vinicius Leandro Diniz

Diretor Editorial Gustavo Abreu
Diretor Administrativo Júnior Gaudereto
Diretor Financeiro Cláudio Macedo
Logística Lucas Abreu
Comunicação e Marketing Carol Pires
Assistente Editorial Matteos Moreno e Maria Eduarda Paixão
Assistente de Edição Ana Isabel Vaz
Designer Editorial Gustavo Zeferino e Luís Otávio Ferreira
Redator Thiago Roque Pereira Lima
Revisão Ana Isabel Vaz

Todos os direitos reservados. Não é permitida a reprodução desta obra sem aprovação do Grupo Editorial Letramento.

Dados Internacionais de Catalogação na Publicação (CIP)
Bibliotecária Juliana da Silva Mauro – CRB6/3684

D585m	Diniz, Vinicius Leandro
	O milagre do primeiro dia : como ser constante / Vinicius Leandro Diniz. - Belo Horizonte : Letramento, 2024.
	148 p. ; 23 cm.
	ISBN 978-65-5932-566-5
	1. Constância. 2. Motivação. 3. Milagre. 4. Fé. 5. Cotidiano I. Título.
	CDU: 159.947
	CDD: 158.1

Índices para catálogo sistemático:
1. Autoajuda 159.947
2. Autoajuda 158.1

LETRAMENTO EDITORA E LIVRARIA
CAIXA POSTAL 3242 / CEP 30.130-972
av. Antônio Abrahão Caram / n. 430 / sl. 301 / b. São José
CEP: 30275-000 / BH-MG / TEL. 31 3327-5771

SUMÁRIO

7   PREFÁCIO

11   CAPÍTULO 1.   QUANDO CRIANÇA AINDA TRABALHAVA

15   INSIGHTS 1 – VENDEDOR DE VERDADE

23   CAPÍTULO 2.   ALAVANCA DO FUTURO

27   CAPÍTULO 3.   O MILAGRE DIÁRIO

35   CAPÍTULO 4.   SER CONSTANTE É "SIMPLES"

39   CAPÍTULO 5.   AS CRISES E O CPF

43   CAPÍTULO 6.   FIDELIDADE

47   CAPÍTULO 7.   MANTENHA O FOCO

49   CAPÍTULO 8.   SENDO REFÉM DO SUCESSO?

53   CAPÍTULO 9.   PEQUENOS ENCONTROS

56   INSIGHTS – A PLANILHA DA TENDA

59   CAPÍTULO 10.   ONIPRESENÇA

65   CAPÍTULO 11.   CONTROL ALT DEL

69   CAPÍTULO 12.   GANHANDO TEMPO

73   CAPÍTULO 13.   VENDEDOR DE SOLUÇÃO

77   CAPÍTULO 14.   MILAGRE IMBÁTIVEL – PILAR 1 RESILIÊNCIA

79   CAPÍTULO 15.   ENERGIA E DIREÇÃO – PILAR 2 ORIENTAÇÃO

81   CAPÍTULO 16.   PRIMEIRAMENTE - PILAR 3 PROPÓSITO

85   CAPÍTULO 17.   E SE DER!?

89   CAPÍTULO 18.   PERMANEÇA NO JOGO

95   CAPÍTULO 19.   OS DETALHES

99   CAPÍTULO 20.   MARCADO PARA O FUTURO

103 **CAPÍTULO 21. MINHAS TEORIAS O PCR – PLAN + CONTROL DEL + ROUTINE**

107 TEORIA 2A SVC – SINDROME DO VENDEDOR COMPULSIVO

107 O QUE É A SVC?

108 TEORIA 3O PDF – PREPARAR, DECIDIR E FOGO.

113 **CAPÍTULO 22. URBANIZADORA VINICIUS LEANDRO - URBAVILLE**

123 **CAPÍTULO 23. NEGÓCIO DO TIO SAM – FOUR SEASONS**

127 **CAPÍTULO 24. PEDRAS NO CAMINHO?**

129 **CAPÍTULO 25. UM VENDEDOR DE VERDADE**

135 **CAPÍTULO 26. FINAL – MILAGRES SÃO ETERNOS**

143 **CADERNO DE IMAGENS**

PREFÁCIO

Uma das coisas que eu mais tenho visto e lido por aí são pessoas falando coisas sobre as quais elas não têm fundamento para sustentar na própria vida. Foi Paulo quem disse: *sede firmes e constantes, sempre abundantes, sabendo que para o Senhor nosso trabalho não é vão (1 Coríntios 15.58)*, firmes como a Rocha e constantes como o amor de Seu Filho. Estou falando de pessoas ou empresários que estão por aí e ensinam como vender determinada coisa ou ainda expandir um negócio ou empresa sem nunca terem feito isso. Pessoas inconstantes, pra dizer o mínimo?

Parei uma tarde para ler este livro e confesso que abri as primeiras páginas meio cético, já intrigado com a capa e o nome do livro que pareciam não condizer muito um com o outro, e sendo levado pela leitura desde o início misteriosa, fui surpreendido positivamente pela história real de um empresário, um verdadeiro vendedor que veio do salão, ou melhor, das mesas de corretagens e visitas com milhares de clientes em imóveis por Belo Horizonte e depois pelo Brasil. Seus relatos e de uma "pessoa" que se revela durante as linhas vão apresentando os pequenos milagres da vida sincera que todo profissional, empregado ou empresário, vive durante sua rota nas mais diversas experiências que um trabalhador no Brasil, seja pequeno ou grande, precisa enfrentar e, mais que isso, insistir para que as coisas deem certo e virem sucesso, e através do que li reconheci nele alguém que vende e é de verdade.

Não fosse por isso, não poderia estar aqui referendando o impacto que pode trazer nas vidas de tantas pessoas no mundo empresarial e profissional em geral, para o pequeno empresário ou empregado, ou para os super CEOs bem-sucedidos e badalados, a leitura desse livro do Diniz, um treinador de pessoas incansável, um cara que não desiste e não para de trabalhar porque, como Paulo, sabe que seu trabalho não é vão, sabe do impacto transformador desse trabalho e dessa motivação contínua em replicar todo dia novas grandes chances de vencer em todas as áreas de sua vida e nas vidas de tantas outras pessoas ao seu redor.

Te convido às próximas páginas e para praticarmos juntos esse ideal e essa provocação que ele nos faz de modo simples e intrigante, uma reflexão para interagir em nosso futuro pessoal e profissional em cada dia das nossas vidas.

Seu Elias.

(...)

Um dia, como outro dia qualquer, num dia assim que eu conheci o dono dessas histórias. Na verdade, eu o conheci ou ele me conheceu muito antes, mas esse dia foi o dia que ele se recorda bem, e o que importa aqui são suas memórias e como isso – me conhecer – foi determinante, e sempre será, em sua vida.

Era apenas uma criança como tantas outras, criadas no interior do Brasil. No caso dele fomos nos encontrar justamente na cidade de Contagem, região metropolitana de Belo Horizonte, como chamam por ali, na região humilde de Bernardo Monteiro. Mas era uma criança que tinha vontade de ajudar sua família, sua mãe, e também ter suas coisas, ou melhor, comprar com seu dinheiro essas coisas, esses pequenos pedaços de sonho. Para isso, ele teria que sair do conforto de sua casa, de sua cama, arregaçar as mangas e já logo cedo trabalhar e conseguir seu dinheirinho, ter as notas dobradas entre seus dedos.

Logo cedo ele acordando e vendo sua mãe preparando sua roupa limpa para ele sujar dali a alguns minutos. Penteando seus cabelos lisos e pretos no pequeno espelho pendurado na parede de seu quarto. Era ele tomando seu café da manhã no seu primeiro dia como homem – ou seria menino? –, um trabalhador precoce. Era ele saindo com seu sapato e seu macacão. Mas primeiro vamos falar quem é ele hoje.

Apresento a vocês Vinicius Leandro Diniz, brasileiro casado com Cláudia Falagan Diniz, pai de Manuella Diniz e Júlia Diniz, de 10 e 5 anos. Nascido em Contagem, Minas Gerais.

Vinicius estudou em escola pública a vida inteira, não soube o que era um banco de escola particular. Filho de Maria de Lourdes Diniz, uma dona de casa empreendedora incrível. E seu pai, Antônio Diniz, corretor de móveis, o ensinou muito, muito mesmo, principalmente com as falhas. Alguém que ele ama demais. Foi com seu pai que ele começou a vida empresarial exatamente entendendo lá atrás como seria a vida se permanecesse na escassez como ele achava que estava. Nunca faltou nada, nunca passou fome, mas o que mais o prejudicava, o que ele mais sentia, era o que ele chama de oscilação.

Para a sua família era muito difícil ter equilíbrio. Um dia tinham muito dinheiro, um dia tinham muito pouco, um dia não tinham nada. Ali ele aprendeu que essa era a vida de um trabalhador normal do Brasil, as oscilações.

Vou te dizer que essa tal de oscilação nunca foi amiga minha, nem dele.

Ali ele começou a pensar sobre o que ele queria ter e o que ele queria buscar. Foi onde ele começou a entender a vida dos que hoje se chamam de empreendedores. Eles realmente têm algo diferente, eles não estão aqui no presente, não estão preocupados com o ponto, eles estão vendo além do ponto, estão no futuro.

Mas assim eu começava o trilhar da história dele e os encontros que inicialmente ele não percebia, os encontros comigo.

Por que eu não me apresento de uma vez? Porque eu sou assim com todo mundo que me conhece um dia, não me notam e eu vou chegando e ficando uma amiga ou amigo íntimo seus, e então quando nos reconhecemos é definitivo.

CAPÍTULO 1.

QUANDO CRIANÇA AINDA TRABALHAVA

Ainda quando ele tinha 11 anos de idade, começou a trabalhar em uma bitaquinha de verduras, como chamavam, bitaquinha, no Bernardo Monteiro, onde hoje é um salão de beleza muito conhecido por lá. Era a verduraria do Toninho.

Ele queria trabalhar, e eu queria trabalhar com ele. Ele queria ter seu dinheiro e pediu para sua mãe:

Eu quero trabalhar, mas eu sou muito novo, mas eu preciso, mãe, eu não consigo ficar sem ter dinheiro, eu quero ter dinheiro para alguma coisa, quero comprar uma bola, quero comprar alguma coisa.

Naquela época ele já sonhava em ser jogador de futebol.

Esse era o pequeno Vinicius. Eu já estava ali por perto dele.

Ele quase não se lembra. É Leonardo Diniz, o Léo, quem conta bem essa história: eles eram pequenos e haviam ganhado um carrinho, era um fusquinha amarelo que conseguiam subir em cima e sair empurrando pelas ruas e descendo as ladeiras.

Às vezes o Vinicius ficava sem o carrinho para seu irmão e seus primos também brincarem, impedindo que ele continuasse, e ele ficava "emburrado", com cara fechada e amarrada, mas não chorava, não chorava mesmo. Foi onde ele ganhou o apelido de infância: FORD 29. Ninguém desconfiava, nem ele podia saber o que era isso, mas já era um pouco de nosso encontro influenciando seu jeitão de enfrentar e enxergar a vida. Vinicius sabia o que queria e teimava.

Mesmo na bitaquinha do Tonho, em sua cabeça já estava desenhado que ele seria um jogador de futebol, e ele jogava bem, era esforçado também. Isso ele aprendeu lá como o Toninho. Ele tinha um encanto por esse primeiro chefe, esse Tonho com seu verdurão (quem um dia eu quero encontrar, claro, se ainda estiver vivo, e tomara que sim).

O Toninho o contratou para chegar mais cedo. Ele chegava às sete horas, estudava à tarde, e cuidava da bitaquinha: eram quatro caixotes de verduras. Vinicius via que ele vinha do Ceasa de ônibus, e saía de lá às quatro da manhã e chegava às 7h20 com as caixas para poder vender. Vinicius o ajudava e ficava até às onze da manhã com ele, depois ia embora. Onze anos de idade já tomando conta de uma bitaca de verdura. A história desse Toninho o inspirou mais que muita gente. Hoje ele analisa o nível de motivação do Tonho: uma bitaca que dava a ele talvez só o que comer, às quatro da manhã no Ceasa pra buscar alimento, quase todo os dias, pois os alimentos eram frescos. Quanta coisa esse Toninho o fez aprender, como ele ficou encantado com esse cara, e como ele era animado e motivado todo santo dia! Ali nasceu nele a paixão e motivação diária de ter a habilidade de acordar todo dia empenhado, acordar todo dia virando uma chave dizendo que o que passou, passou, e ser motivado novamente. Era uma chance todo dia, porque como ele diz, a energia que se gasta para ser motivado é a mesma que se gasta para ser moribundo, mas o motivado chega no final do dia cansado fisicamente, e o moribundo chega no final do dia destruído fisicamente com dores musculares e emocionais, com a cabeça completamente avariada. Até na dor o motivado leva vantagem: foi essa história que inspirou o início da jornada na busca pela identidade da força diária do Vinicius.

Eu e ele começávamos uma amizade sem saber, estávamos nas primeiras apresentações... Sabe quando você conhece ou olha alguém de longe, se simpatiza, mas não sabe como vai conhecer de verdade aquela pessoa, aquele amigo, e então vive uma grande história de amizade? Esses éramos nós dois. E geralmente um sempre vai ter uma memória anterior à do outro sobre aquela amizade, e estou falando de amizade mesmo, não confunda.

INSIGHTS 1 – VENDEDOR DE VERDADE

Pra você que está aqui procurando saber mais sobre motivação profissional ou pessoal, vou deixar isto aqui.

Vocês sabiam que existem vários estudos e teorias sobre motivação e desempenho?

Vou deixar aqui uma lista resumida de nove estudos que podem te ajudar a entender e até avaliar como está o nível de sua motivação ou de seu negócio e como mudar e melhorar isso.

Veja a lista abaixo:

Teoria de motivação	Descrição
Teoria da hierarquia de necessidades de Maslow	Relaciona o comportamento das pessoas a um conjunto de necessidades, dispostas em uma pirâmide hierárquica. Essas necessidades são as necessidades fisiológicas, necessidades de segurança, necessidades sociais, necessidades de estima e necessidades de autorrealização (SILVA et al., 2006; MATSUOKA; SILVA, 2013).
Teoria X e Y de McGregor	Caracteriza o comportamento humano sob duas abordagens distintas: a teoria X que retrata o homem como indolente e preguiçoso por natureza, e a teoria Y que defende o pressuposto de que o homem não detesta seu trabalho e busca desempenhá-lo da melhor maneira possível (VIEIRA et al., 2011).
Teoria ERC de Alderfer	Descreve a relação existente entre a motivação humana e um conjunto de necessidades: as necessidades de existência, como alimentação; as necessidades de relacionamento, como a aceitação social, e; por fim, as necessidades de crescimento, como a realização profissional (SILVA et al., 2006)
Teoria das necessidades adquiridas de McClelland	Defende o pressuposto que as pessoas são motivadas por meio de três grupos de necessidades, as necessidades de realização que se manifestam quando uma pessoa busca alcançar o sucesso (SILVA et al., 2006), as necessidades de poder que remetem uma pessoa à busca por controlar e influenciar outra(s) pessoa(s) (BONETTI, 2010), e as necessidades de afiliação que despertam na pessoa o interesse em se relacionar no trabalho (FRAGA, 2011)

Teoria de motivação	Descrição
Teoria de desempenho e satisfação de Porter e Lawler	Descreve a motivação como resultado da interação de quatro variáveis, o Esforço que uma pessoa apresenta para o desenvolvimento de atividades, orientado por uma Recompensa, que por sua vez gera um dado Desempenho, podendo refletir na Satisfação no trabalho, caso o desempenho seja favorável (ROCHA, 2005; OLIVEIRA, 2008).
Teoria do estabelecimento de objetivos de Locke e Latham	Retrata a motivação como resultado da prática do estabelecimento de metas adequadas no ambiente de trabalho (CAVALCANTI, 2005 apud. FERREIRA et al., 2006). Isto é, as pessoas são motivadas quando são expostas ao estabelecimento de metas.
Teoria da valência e expectativa de Vroom	Pressupõe que a motivação está relacionada à força de desejo de uma pessoa para alcance de bons resultados, bem como ao desempenho obtido, à recompensa oferecida e à expectativa de resultado esperado (PEREIRA, 2011).
Teoria do reforço de Skinner	Descreve que a motivação é influenciada por experiências positivas e negativas que uma pessoa adquire no trabalho (PEREIRA, 2011). Essas experiências podem surgir de um sistema de recompensas ou punições (SILVA et al., 2006)

Fonte:http://www.gabrielfernandes.pro.br/docs/MPMGCHE%20%20Extra%20Maslow.pdf?i=1

Peço que tente pesquisar um pouco sobre essas teorias, aposto que você vai aprender algo com cada uma delas, ou então escolha uma e tente se aprofundar e aplicar na sua vida profissional e pessoal e veja o que acontece. Mais pra frente vou te apresentar as teorias que eu criei com o Vinicius, quem sabe elas também sejam úteis? São elas o PCR, SVC e PDF.

Crie as suas também. Por que não?

Continue lendo que te explico enquanto continuo te apresentando meu amigo Vinicius, quem sabe no final você descubra ser meu amigo também. Aliás, desafio você a não querer ser meu amigo no final.

Quero falar sobre uma delas, a Teoria de Maslow:

Para você, onde está sua motivação para trabalhar, para levantar todos os dias com entusiasmo e seguir?

Em que lugar dessa pirâmide você se enxerga? Mais de um? Ou às vezes em todos, será possível?

Maslow, que entendia disso muito mais do que eu em termos teóricos, sabia que seria impossível para o ser humano conseguir a satisfação pessoal se não tivéssemos uma boa base e não vencêssemos as etapas básicas nessa escalada social. Ou seja, primeiro temos que atender as necessidades mínimas, fisiológicas, como água, comida, um lar. Depois vem a segurança no geral, como segurança pública para ir e vir na sociedade, a segurança da base familiar, que é muito importante, a saúde, seja a de ter um esgoto encanado até a saúde familiar, emocional e afetiva. Então vem a necessidade social, termos amizades saudáveis, uma família que amamos e que nos ama e assim por diante. Apenas então vamos para o trabalho, salário e as coisas que vêm disso, e quem sabe essa tão sonhada realização pessoal.

Então, onde estamos nessa pirâmide? Onde está você? E mais, onde está sua motivação nisso e para chegar até esse grau mais alto na sua vida?

Não podemos, nem chegaremos, à realização pessoal, ou até poderemos chegar, mas não permaneceremos lá em cima, sem esse tipo de motivação diária sobre a qual tratarei daqui pra frente. Te convido a me acompanhar nessas páginas.

Fonte: https://www.glassdoor.com.br/Compara/IBM-ou-Amazon-EI_IE354-E6036.htm

Veja que interessante. Este é um ponto importante na história que vou te contar até o final dessas páginas. Talvez imaginássemos que mesmo as maiores e talvez melhores companhias do mundo, as empresas avaliadas por seus funcionários, seriam as com índice altíssimo ou bem perto dos 100% de satisfação, seja em qualidade de vida, ou até mesmo em remuneração. Porém, elas estão longe de serem cinco estrelas. Por que será?

NÚMEROS MUNDIAIS DA ECONOMIA E ENGAJAMENTO NO TRABALHO

Produto Interno Bruto (P.I.B) (Trilhão de Dólares)	
Brasil	2,2
Estados Unidos	26,9
Alemanha	4,5
https://www.worldbank.org/en/publication/global-economic-prospects#downloads	
https://www.imf.org/external/datamapper/NGDP_RPCH@WEO/OEMDC/ADVEC/WEOWORLD	

Índice de Engajamento no Trabalho (%)	
Brasil	31
Estados Unidos	33
Europa	13
https://www.gallup.com/394373/indicator-employee-engagement.aspx	

Índice de Confiança no Trabalho Robert Half (%)	
País	Atual
Brasil	38,5
Reino Unido	46,3
https://www.roberthalf.com/content/dam/roberthalf/documents/gb/en/non-indexed/insights/Robert%20Half%20Jobs%20Confidence%20Index%20June%202024.pdf	
https://www.roberthalf.com/content/dam/roberthalf/documents/br/pt/non-indexed/robert-half-indice-de-confianca-28-edicao.pdf	

Olhando para os países com melhor PIB e melhor qualidade de vida do mundo no Norte da América ou na Europa, podemos analisar de algumas maneiras facilmente esses números e índices.

Estados Unidos e Alemanha estão em primeiro e terceiros no PIB (2023), mas suas populações se declaram engajadas-motivadas no trabalho em 31 e 13 por cento respectivamente, longe até mesmo de terem 50% de pessoas contentes e satisfeitas com sua atuação profissional e com seu futuro nessas profissões. Por que será?

E ainda temos um índice de confiança para comparar ,sem muito trabalho, nosso país, o Brasil, com o Reino Unido lá no velho continente, que apesar de terem saído do bloco econômico europeu recentemente, pertencem a uma região com melhores índices de desenvolvimento no mundo. No Reino Unido, isoladamente, o engajamento no trabalho é de apenas 10% e o índice de confiança é de 46%, não muito longe do nosso em 38,5%, mas também longe de uma super satisfação como imaginamos olhando daqui, do que chamamos de terceiro mundo, como deve ser a satisfação no trabalho por lá.

Você não acha interessante, ou no mínimo curioso que seja assim?

Afinal, o que pode mesmo nos tornar, ou deveria, engajados e motivados no trabalho ou nas coisas que fazemos? Afinal estou falando aqui de trabalho para poder exemplificar algo muito mais amplo, pode ser o cuidado com seu negócio, mas também sua dedicação com sua família, seu tempo com seus filhos, a qualidade do relacionamento com seu esposo ou esposa, namorado.

Ainda não vou responder isso, e também não tem uma fórmula mágica ou resposta única pra isso, espero que você entenda continuando e virando essas próximas páginas.

Eu já te digo aqui: estar contente ou engajado no trabalho não depende de onde ou para qual empresa você trabalha, ou até mesmo quanto você ganha, é bem mais simples que isso e esses dados que eu deixei aí parecem mostrar isso bem claramente, não é?

CAPÍTULO 2.

ALAVANCA DO FUTURO

Voltemos para a saga do começo de nossa amizade, minha com o Vinicius.

Ele se lembra bem daquele dia, eu me lembro ainda mais.

Ainda aos 11 anos, ele não estava mais com o Toninho, porque ele foi trabalhar em outro lugar. Foi quando o Vinicius começou seu primeiro trabalho.

Nesse dia eu aguardava ansioso para conhecê-lo ou ser apresentado formalmente a ele. O depósito se chamava João do Beijo. Quem foi de Contagem das antigas conheceu esse depósito, muito famoso na região, e eu estava lá dentro, sem ele saber, esperando para conhecê-lo em seu primeiro dia de trabalho.

Um ponto importante no Vinicius que foi uma característica nele ao longo do tempo, já novo ele provocava. Eu acho que todo mundo tem que provocar uma situação nova, sem passar o carro na frente dos bois. Se você está numa situação nova, tente provocar o próximo passo, e de alguma forma essa intrepidez vai te fazer dar um pouco mais. Bom, e ali ele começou a atender, após provocar a situação pedindo, e seguiu assim meio sem querer, meio atendendo do lado. Alguns vendedores da loja às vezes tentavam desanimá-lo dizendo que ele estava atrapalhando ali, havia uns que andavam acelerados e se incomodavam com a presença dele, mas ele não desistiu e continuou a atender. Eu lembro muito bem que ele pegava uma caixa de cabos, uma caixinha de fios, sei que tinha um rolo dentro e ele pisava em cima para dar altura, para ficar mais alto no balcão, porque se ele não ficasse mais alto no balcão, iam achar que ele era muito novo e aí talvez não teria credibilidade. Na verdade, todos que ali chegavam sabiam quão novo ele era independente de sua altura.

Foi ali que sua grande paixão começou. Era tirar o pedido, pegar o bloco de pedido, ir anotar o pedido, fechar a venda. Naquela época a calculadora tinha uma manivela lateral, praticamente uma alavanca.

Quando ele tocou pela primeira vez, com sua curiosidade, naquela manivela, sem que ele percebesse de primeira, ali nos conhecemos. No mesmo momento todas as teclas se movimentaram, os números no letreiro zeraram, a máquina fez comigo: PLIM PLIM, parecia que ela já sabia qual seria todo o futuro de nossa história. Foi a introdução inicial dessa nossa longa amizade.

Já sabe quem sou eu? Assim como o Vinicius, que só veio a reconhecer isso tudo tempos depois, você já teve alguns sinais, e deixarei muitos outros daqui pra frente antes de me apresentar por completo.

Sim, eu e ele nos conhecemos nessa calculadora. Quem digitava o número, a girava, depois somava, girava de novo e ela dava o resultado. Uma calculadora não mente, só vende verdade.

Ali a minha grande alegria e a alegria dele era chegar no final do dia e falar que vendeu. Tinha comissão? Tinha nada, ele nem sabia o que era isso, mas tinha um valor semanal lá e um pão com manteiga pela manhã do qual ele sente o cheiro até hoje, ficou marcado nele e em mim. Era incrível, todo dia ele levantava cedo. Eu o vi recebendo o primeiro salário dele nesse depósito, eu o vi comprando uma bola e um guarda-chuva. A bola pra ele, e o guarda-chuva porque sua mãe mandou comprar, obediente.

Ele não tinha guarda-chuva, então ela mandou comprá-lo e ele comprou. A bola pra sua satisfação e o guarda-chuva para satisfazer sua mãe. E ela ficou feliz, nem tanto de início, porque não sobrou absolutamente nada do dinheiro do primeiro salário. Mas ele trabalhava com alegria, primeiro porque ele estava sendo útil, segundo porque ele estava no plano de crescimento de uma carreira que ele nem imaginava. Chegou ali pra colocar tubos nos lugares e enquadrar as coisas, fio, cabo, parafuso, e já estava vendendo com muito pouco tempo, com muito pouco tempo ele estava atendendo, e conversava com as pessoas quando tinha a oportunidade e já sabia onde ficava tudo. Eu via como ele aprendia muita coisa rápida e como ele evoluía naquele lugar, e sem ele perceber nossa amizade aumentava com seu ânimo. Ele até entregava as coisas para os clientes.

O ânimo dele era tanto que um dia ele teve que sair do depósito do João do Beijo, o lugar onde nos conhecemos – que amizade bonita a nossa ali –, porque com todo aquele ânimo acabaram o colocando para descarregar caminhão de tijolo. Quando seu pai soube, não achou muito interessante isso, dizendo que era muito sujo pra ele, que ele ia ficar muito cansado e era forçoso. O pai dele dizia: você é muito novo. Parece mesmo que o pai dele estava certo.

Foi então que ele mudou de horário da escola e saiu do depósito, porque ele queria se dedicar ao futebol. Ele já estava treinando, e aquilo do futebol era um sonho, que ele perseguia continuando do jeito que podia. E como amigo ou amiga, eu continuava o acompanhando.

E assim, para poder estudar e tentar viver o sonho dele como jogador de futebol, finalizou sua passagem e sua história no depósito João do Beijo, o depósito da alavanca e dos primeiros pedidos, o seu lugar do milagre do primeiro dia de vendas.

CAPÍTULO 3.

O MILAGRE DIÁRIO

Na época da sua vida que ele diria ser muito dura, ele trabalhava com os pais, na imobiliária do seu pai. Uma época de uma escassez muito grande, com muitos problemas, com muita coisa ruim acontecendo no mercado, com o país numa situação muito ruim: eram os anos de 2001 e 2002.

E eu me lembro de um cunhado dele que o convidou para trabalhar numa construtora como funcionário na cidade. Ele pensou que estava ali, era a imobiliária do seu pai, pensava, eu sou dono, e se questionava: vou trabalhar numa construtora para ganhar um salário e mais comissão, ter chefe para ter horário e ter uma estrutura dessa?

Mas parecia que ele tinha uma coisa em seu coração, muito forte, que ele precisava ter alguns aprendizados que não tinha. Que precisava ter algumas bagagens que não existiam. Trabalhando só com os seus pais, ele não tinha ciência de como as coisas funcionavam numa empresa geral normal, grande. Eu o acompanhava bem de perto nesses pensamentos e decisões.

Então ele começou a trabalhar nessa empresa, e aconteceu o que eu e ele chamamos de Milagre do Primeiro Dia.

Lá aconteceu um caso muito interessante, de uma maneira ou de outra eu dava um jeito de acompanhar o Vinicius e ia trabalhar com ele, quando ele começou a trabalhar. Eu lembro quando na entrevista o gerente na época perguntou para ele: você pode começar que dia?

Claro que sendo meu amigo ele falou que podia começar ali, agora, naquele momento mesmo, e o gerente animado, mas respondeu que não, começaria amanhã. Vai começar amanhã, porque hoje eu vou te explicar como é, e explicou mais ou menos como é que funcionava. Havia um quadro de chaves para as visitas aos apartamentos.

Explicou como se atendia as pessoas, como era o caso dos clientes que entravam na loja, como se atendia o telefone. Eu e ele ouvimos tudo aquilo muito atentos, e lembro que no outro dia ele ia começar de verdade.

Ele voltou para casa, morava com os seus pais ainda e eu me lembro do seu primeiro dia de trabalho.

Novamente, a mãe dele preparou e passou a sua roupa. Sim, eu sei disso tudo. Nesse primeiro dia de trabalho ele acordou, talvez uma hora antes do horário, e quando estava pronto e vestido, o despertador tocou. Isso mesmo, ele sendo esse meu amigo não podia ser diferente, ele estava muito motivado para acordar antes de o relógio o chamar.

Depois eu o vi chegando na empresa, uma hora antes das pessoas chegarem. Foi um dia em que Vinicius estava extremamente motivado. Ele até queria arrumar as coisas, mas não queria mexer nas mesas, porque eram de pessoas que ele não conhecia ainda.

Aí aconteceu algo muito incrível: o telefone tocou. Ele não sabia quem ligava do outro lado, e sabia que estava ali despreparado, mas também motivado para atender. Ele havia sido o primeiro, ele tinha entrado com uma pessoa que abrira a loja, era seu primeiro dia e ninguém tinha chegado, ele estava olhando como é que tudo funcionava, e quando se sentou, o telefone tocou.

Do outro lado da linha era uma senhora, talvez de meia-idade, que falou:

"Olá, meu filho, bom dia."

"Bom dia, construtora Tenda, bom dia", ele respondeu.

"Bom dia, vocês estão trabalhando desde cedo assim?", ela perguntou.

"Pois não, em que eu posso ajudar a senhora?"

"Eu estou vendo uma propaganda aqui, meu filho, do apartamento de um quarto de R$ 13.900. Como é que faz? Isso é à vista?"

Vinicius, meio sem saber o que fazer, encontrou um jornalzinho, um jornal na mesa da propaganda, e foi lendo a propaganda e respondendo.

"Você me empurra que eu te puxo!", frase marcante atribuída ao Diniz pelo Leo.

LEONARDO SANTOS, corretor de imóveis do período Tenda com Diniz, depois gerente, diretor regional, hoje grande empresário do ramo imobiliário em BH, diretor da GranViver, um amigo que Diniz se orgulha em dizer que ajudou a empurrar sua Parati Volks branca várias vezes na época de corretor.

A Doninha começou a fazer várias perguntas, e no final ela perguntou: "Dá para visitar?" E o Diniz, e agora? Ele poderia fazer três coisas: dizer que depois ligava para ela; pedir a ela um minuto; ou ligar para o gerente, que certamente passaria a venda para outro.

Mas como ele já era ali um cara sem oscilações, tomou uma decisão e falou não, eu vou, eu vou, eu vou. Ele pensava confiante: eu cheguei primeiro que todo mundo e eu acordei mais cedo, estou aqui primeiro. Quem sabe pode ser uma venda. Falou com ela: "me dá seu endereço que eu vou te pegar aí".

Combinou depois do almoço. Pronto, desligou o telefone, olhou para o lado e falou, e agora? Vieram lá mil incertezas na sua cabeça.

O que ele ia fazer? Todas as negativas vieram em sua cabeça: Como eu vou fazer? Bom, ele foi lá, tinha um quadro de chaves, apartamento tal, bloco tal... pegou a chave e no fim ligou para o gerente, Ricardo, dizendo que ia sair para mostrar o apartamento: "você tem alguma objeção?"

Ele não tinha, mas como assim? Não, é uma cliente aqui que eu acho que é bem interessante eu mostrar. Você tem segurança para ir e tudo, você consegue? Eu acho que eu consigo sim. Posso ir? Ele ia arrumar outra pessoa para ir.

E foi aquilo: vai assim, vai lá. Quebra a cara lá. Mas quando ele saiu, eu senti uma energia. Essa energia era nossa amizade fazendo efeito na vida dele. Tinha um gosto legal aquela sensação. Estou criando meu próprio caminho, ele pensava, não tô trilhando o caminho de ninguém.

Pegou o carro, e buscamos a cliente, simpaticíssima, fomos batendo papo, criando um laço de respeito, de amizade e de confiança, principalmente. Chegamos lá, abrimos o apartamento, entramos e ele mostrou o apartamento para ela.

Ela adorou o apartamento. Nossa, meu cantinho, um quarto só, bem o que eu queria. Nos lembramos bem dela dizendo, eu sou viúva, moro com minha filha, mas eu quero morar num cantinho só meu. Aí ela perguntou, "e como é que funciona?"

Ele nem sabia como funcionava. Mas não tinha jeito, naquele momento ele não podia demonstrar fraqueza. Bom, resultado disso, ela falou a maior frase do mundo, a mais deliciosa: "o apartamento é meu, tá fechado, como é que eu faço?"

O MILAGRE DO PRIMEIRO DIA

Aquele espirito da época do aprendizado da calculadora, dos primeiros pedidos, o fizeram levar um bloco de proposta, o Vinicius amava um bloco de pedido e de proposta. Então ele pegou a proposta pra preencher, junto com a identidade dela, preencheu na pia tremendo, com tudo empoeirado, e ela falou: "como é que faz pra pagar? Porque eu vou te dar um cheque de uma vez". Ele quase não acreditava. Pegou o cheque e colocou junto com a proposta, dobrado, ele se lembrará daquele dobrar de cheque para sempre.

Depois disso nós a deixamos na casa dela. Ao voltar pro carro foi aquele êxtase, o sentimento mais maravilhoso do mundo, como ele diria, primeiro dia uma venda, primeiro dia não, primeiras horas: ali nascia o nosso milagre do primeiro dia, se ele conseguisse repetir em sua vida inteira aquela alegria e aquela vontade com aquele chamado e aquela disposição de trabalhar do primeiro dia, ele conseguiria chegar aonde queria. E pode ser assim pra qualquer pessoa, sem oscilações ou sem acreditar mais nas dúvidas do que nas chances, que o primeiro dia prevalecerá.

Chegando na empresa, o Ricardo Guedes, o gerente, perguntou para ele: "Como é que foi a visita lá? Foi tudo bem?"

Ele teve que responder: "Foi bom, eu fiz a venda, tá aqui o cheque." Ricardo deu um pulo da mesa, sem entender. Como assim?

"Mas como assim vendeu, você não sabia nem onde era? Você não aprendeu nem a preencher a proposta", pois sempre as pessoas vão te desacreditar primeiro, assim como aconteceu com o Diniz nessa primeira venda.

Ele falou que podia estar com algum erro, porque tinha algumas dúvidas, mas preencheu do jeito que dava, porque eu não podia perder o tempo de venda. Entregou o pedido pra ele e foi embora.

No outro dia de trabalho, Diniz chegou feliz da vida, com a mesma motivação, então ficou sabendo que teria uma reunião geral, com o dono da empresa. Antes da reunião, o dono da empresa chama o Diniz querendo conhecê-lo, querendo entender o que aconteceu.

O que ele não sabia até aquele momento era que a loja não vendia fazia algum tempo. Então fizeram a reunião e o usaram como exemplo de como chegar mais cedo, atender o telefone, anotar as coisas, fazer, ir atrás, Eles queriam entender o Diniz, aproveitar aquele exemplo, na verdade usar o milagre do primeiro dia dele como modelo para aquela loja e para toda a equipe de vendas.

Na reunião, nem o Diniz conseguia bem discernir o que tinha acontecido, segundo dia de vendas e ele já tinha feito uma ali, à vista. Sem saber, ele desenvolveu ao longo da vida inteira, e eu o acompanhando nisso, essa chama interna, que chamamos de milagre do primeiro dia, que é exatamente como a gente lida com a nossa motivação diária, como a gente lida com o primeiro dia das nossas vidas.

MEMORIAIS

Diniz recebendo premiação em MG no período Tenda.

CAPÍTULO 4.

SER CONSTANTE É "SIMPLES"

Tem sempre um risco quando você vai começar as coisas, principalmente iniciar as coisas mais importantes da sua vida, e às vezes você não sabe que aquilo pode determinar todo o seu futuro. Por exemplo, quando você vai começar um namoro, não é algo de novo? Como é o primeiro dia, marcou aquele encontro, conheceu a garota ou garoto ali num evento ou na rua mesmo, hoje em dia com redes sociais e WhatsApp, aí você marca o primeiro encontro, como é que será?

Tenho certeza que é assim: no caso dos homens, barba feita, ou barba bem desenhada, pras mulheres roupa e maquiagem caprichadas, banho tomado com antecedência, perfume do bom, o carro limpo. Aí você foi buscar a futura namorada, abriu a porta para ela, chegando no restaurante, puxou a cadeira, certamente vai pagar a conta, vai ser respeitoso, mais do que o limite, porque não conhece, nível de motivação absurda, nível de adrenalina motivacional absurda, absurda demais... aí depois, no namoro, vêm reclamações. Passa-se um ano de namoro, seis meses, não consegue manter esse nível de motivação, porque tudo está atrelado ao novo, às novidades, e quando algo é novo a gente se motiva, mas quando não é novo a gente não se motiva.

Aí está o grande segredo, aí é a grande virada de chave, aí é o grande ponto, aí é o grande segredo, é o motivo, o que me motiva, me motiva o novo, me motiva o extraordinário.

E todo dia não é um dia novo, uma nova chance de fazer aquela pessoa que amamos feliz ou mais feliz? Por que não fazer? Por que não dar aquele beijo de bom dia, por que não tratar bem e fazer como se fosse o primeiro dia? Convidar para sair, para jantar, abrir a porta e puxar a cadeira, ou por que não fazer isso em casa mesmo? Parece difícil, mas é simples. E simples não porque não dá trabalho, pelo contrário: é simples porque está nessas atitudes pequenas que praticamos no dia da primeira novidade do namoro, do casamento, da empresa, dos relacionamentos com os filhos. Vai dar trabalho manter, mas será simples e recompensador quando você vir os resultados de manter essa motivação do primeiro dia sempre com você.

Na própria construtora Tenda, no caso do Diniz, depois desse episódio da primeira venda, ele começou a fazer muita venda. Essa ideia virou sua cabeça, de acordar num dia emblemático, diferente dos outros, que aquele seria o primeiro dia e, portanto, conseguir manter os outros dias com nível motivacional alto mesmo tendo muitos problemas, assim trazendo um resultado de venda pra ele muito acima dos outros, um resultado empresarial descolado da realidade.

Isso o fez crescer muito. Ali nascia o vendedor de verdade, Diniz.

"Vai lá que tô aqui junto com você, não dá pra crescer sozinho", frase atribuída ao Diniz por Geane.

GEANE PEIXOTO, Gerente de Marketing do período Tenda e Urbaville, depois foi gerente na PDG e hoje atua no setor público, grande parceira profissional "que sempre volta" aos negócios com Diniz.

CAPÍTULO 5.

AS CRISES E O CPF

Uma vez Diniz conversava com o seu pai, seu Antônio, e falou assim: "meu pai, que ano difícil, nossa, que ano complicado, essa crise…" E ele lhe respondeu:

"Meu filho, olha só, eu tenho 73 anos e eu estou vendo crise desde 1920, que eu estudei na escola, e as crises que eu peguei depois de 1950, mas crises vão existir pelo menos uma vez por ano, eu vi crise do Boigordo, eu vi crise do overnight, eu vi crise do dólar, eu vi quando não tinha carne para comer. Eu vi as crises, elas que geram as oportunidades, que impulsionam, como as guerras também impulsionam os crescimentos das nações, das pessoas, dos empreendedores. O povo judeu mesmo cresceu muito com guerras, com perseguições, com uma série de coisas. Enfim, o que quero dizer com isso é muito simples: o cenário de crescimento está na pessoa, o cenário de explosão está no CPF, ele não está na instituição do Brasil, do Estados Unidos, ele não está na instituição para a qual você presta serviço, ele não está no mercado que você ocupa ou que você atende. A grande vantagem é a gente dizer que o sol é feito e brilha realmente para todo mundo, isso é uma verdade, depende literalmente só de nós, das nossas habilidades treináveis ou das nossas habilidades internas que nós já desenvolvemos, tá tudo na nossa mão, tudo, só depende de nós. A mudança, ela é nossa, ela é interna. Não adianta, ninguém vai mudar a minha vida se eu não quiser mudar. E às vezes as pessoas falam assim: 'mas eu quero ter sucesso'… tá bom, o que é sucesso? Ser um bom pai é sucesso, ser uma boa mãe é um sucesso, ser um excelente filho é um sucesso na área de ser filho, ter sucesso no seu trabalho é um sucesso, ser o melhor garçom é um sucesso. O problema é que nós queremos um grande sucesso sem ainda ter experimentado pequenos sucessos, pequenos sucessos é que fazem um grande sucesso, e pra você ter sucesso você precisa ser provocador de sucesso. Quando uma pessoa que provoca o sucesso, ela está sempre olhando um passo à frente, o sucesso é simples."

Tudo isso ele aprendeu nesse dia com seu pais, nessa conversa.

E após isso Diniz foi formando suas teorias, como ele diz: imagina se a gente andasse, andasse, passasse uma perna na frente da outra, do jeito que nós tocamos a nossa vida. Nós não andaríamos, porque para darmos um passo teríamos que pensar 50 mil coisas antes, você não andaria, ninguém andaria. A nossa motivação tem que ser nas pequenas conquistas, mirando sempre o alvo, mas o meio tem que estar muito bem estabelecido e equilibrado. É simples a analogia: você quer uma Ferrari, maravilha, é maravilhoso uma Ferrari, apesar de ser meio dura para dirigir, mas é linda, uma beleza, maravilhosa, é uma nostalgia, é um negócio que nos remete a tanta coisa boa, bacana... mas talvez você não tirou ainda nem sua carteira de motorista, ainda não tem uma casa para colocar a sua família, eu não tem uma garagem para receber a Ferrari. Eu não tenho estrutura financeira para bancar uma Ferrari, então eu preciso vibrar e provocar o sucesso primeiro do meu Uno Mille, duas portas, vermelho como era o meu, diria o Diniz, grade preta na frente, senão não vou chegar à minha Ferrari vermelha, maravilhosa. Não adianta você lutar por algo que não consegue tangenciar, botar a mão.

Lutar primeiro pelas conquistas posicionadas, conquistar o que eu consigo tangibilizar, e essas são as melhores conquistas, as primeiras. O melhor casamento possível, ter sucesso nele, seus filhos te amarem e te admirarem, ter sucesso nisso, beijar os seus pais, sua mãe, amá-los, honrá-los, ter sucesso nisso, buscar o Senhor em primeiro lugar, o Senhor Jesus, andar em seus caminhos, ser fiel a Ele, ajudar em Sua obra, ajudar as pessoas que precisam, aí quando você equilibrar esses pontos de sucesso, podemos dar mais um passo, provocar algo maior, provocar algo que nos dê realmente prazer apenas, prazer de realização, o prazer da Ferrari.

Nós esquecemos que um dos melhores sucessos vai ser na simplicidade, e não nas coisas muito caras. Essas normalmente nos dão um prazer momentâneo, mas os sucessos menores, que nos trazem paz com as pessoas que amamos, são sucessos duradouros, que talvez sejam levados para a vida toda.

O sucesso material é importante, válido e muito saboroso, mas ele dura muito pouco. Daqui a pouquinho passaram-se dois minutos e você já quer outra coisa, ou outra conquista. O sucesso próximo que é o da família em ter um lar abençoado, ter uma mãe e pai que te amam, que você os ame, que você ame sua esposa e seus filhos e você cumpra esse papel na tua igreja ou na religião que você seguir, esse é duradouro.

Diniz foi aprendendo que o material é supérfluo, que você vai trocando, mas ele só vem com solidez se você tiver realmente esses mini sucessos que te dão paz e tranquilidade, os sucessos milagrosos do cotidiano.

Sucesso também pode ser um problema.

CAPÍTULO 6.

FIDELIDADE

Um grande desafio e uma grande benção espiritual que eu tive, quando estava trabalhando com meu pai na imobiliária, em 2001, e passando por muita dificuldade financeira, e muito mais, muito mais... Bem, eu me lembro de estar na igreja e eu lembro como se fosse hoje, estava na igreja e ia ter uma corrente de sete orações às quartas-feiras, e eu me lembro do pastor fazer um desafio, já que a gente queria uma bênção, queria alcançar alguma coisa, e aquele foi o primeiro dia em que eu fui nessa quarta-feira. Foi marcante para mim porque ele tocou muito o meu coração, para eu realmente dar ali o que me doía, eu me lembro muito bem do valor, 50 reais, em 2001. Nos dias de hoje talvez seria uns 500 reais, metade de um salário, uma coisa desse tipo, que eu não tinha combinado.

Eu lembro que falei para o meu pai: "Pai, eu estou com um sonho de dar uma guinada, dar uma mudada, arrumar um emprego, uma coisa assim, e eu senti no coração de dar essa oferta." Meu pai mais do que nunca se movimentou, acreditou naquilo que eu falei, acreditou no meu sonho, no meu contato com Deus, de talvez realmente conseguir ativar isso, e ele me emprestou esse dinheiro.

Eu fui lá e coloquei num envelope e ofertei com o propósito de sacrificar para que Deus estivesse abrindo as portas, e aquilo mexeu muito comigo, porque ele me deu uma confiança tão grande que passou uma semana, menos que uma semana, e o meu cunhado me chamou para ter uma possível entrevista na consultora Tenda. Hoje tudo começaria, A entrevista foi muito rápida, e no outro dia eu já estava trabalhando, e eu vi que aquilo foi um movimento de Deus mesmo, e sabia que tudo que acontecia ali era Deus tinha me colocado, que aquilo era objeto de um sacrifício, objeto de uma fé muito forte. Assim, talvez tenha sido uma das maiores experiências que eu tive na minha vida de uma oferta de sacrifício, e dali para lá, de lá para cá, nunca deixei de ser dizimista e ofertante. A experiência que eu tenho com dízimo e oferta é incrível, realmente mudou a minha visão de devolução do que é do Senhor Jesus, e de prosperidade e multiplicação da minha vida. Pra mim é muito forte e como ele multiplicou aquela oferta. Aqueles 50 reais hoje talvez sejam mais de um milhão. A fidelidade é a chave de muita coisa.

MEMORIAIS

Antônio com Maria de Lourdes Diniz, pais do Vinicius, o dono dos "primeiros 50 reais" da primeira oferta.

Malaquias 3:10

Trazei todos os dízimos à casa do tesouro, para que haja mantimento na minha casa, e provai-me nisto, diz o Senhor dos Exércitos, se eu não vos abrir as janelas do céu, e não derramar sobre vós uma bênção tal, até que não haja mais lugar para a recolherdes.

CAPÍTULO 7.

MANTENHA O FOCO

Uma vez o Vinicius teve um grande desafio na vida. Ele cuidava da diretoria de uma grande construtora em uma regional, fazia o seu trabalho como diretor e era sucesso de vendas nessa regional havia muitos anos seguidos. Parecia que oportunidade dele nunca chegava. Mesmo assim ele promoveu uma pessoa para cuidar do corporativo, para cuidar do Brasil todo, e em São Paulo havia sempre outra pessoa lá, no lugar que ele ambicionava. Ainda assim ele fazia o seu trabalho, tentando fazer ali uma marca. E comigo junto, com a nossa amizade inabalável, sua estratégia nunca mudou, sua animação, aquele volume diário de motivação, sempre como sendo o seu primeiro dia ali, todos os dias como se fosse o primeiro.

Não podia ser diferente. O resultado vindo, resultado vindo. Ele queria ter sucesso na loja, na regional, e depois ter sucesso no Brasil. E aí chegou o dia.

Um telefonema do presidente da empresa, que disse: "venha a São Paulo". E lá foi ele para São Paulo, e chegando lá, o presidente olhou para o Diniz, como o chamavam, e disse: "preciso de você aqui, para ter uma meta, nove mil vendas, nove mil unidades habitacionais, precisamos vender até dezembro, e nós estamos em agosto. Você topa o desafio?"

Claro que ele topou. E eu topei com ele. O presidente da empresa ficou muito contente. Ele sentiu um arrepio porque era um desafio grande para ele, que cuidava de uma regional e agora cuidava do carro chefe e do Brasil todo, em São Paulo, mas aí novamente ele se lembrou lá do primeiro dia, o primeiro dia motivado, o primeiro dia indo trabalhar, e seria assim como se fosse o primeiro dia. Ele falava: vai ser o meu novo primeiro dia.

A empresa era a mesma. Fazendo o que ele realmente conhecia e gostava, mas seria um primeiro dia novamente de trabalho. Então ele deveria ter uma dedicação extremamente forte para esse primeiro dia. Ele aceitou. Com isso o presidente fez uma oferta que, se desse certo, ele teria uma nova meta.

Imagina ter uma remuneração similar a um dos principais diretores nacionais da companhia e ainda um convite para ser sócio dessa empresa. Para em caso de o IPO ter uma participação nas ações, ter uma relação de sociedade ali, uma mediação, um retorno. E ali começou um trabalho incrível de seis meses. Nos primeiros quatro ele bateu uma meta inacreditável, e alcançou a meta em dezembro. Foi incrível. O milagre diário se repetia e se replicava.

CAPÍTULO 8.

SENDO REFÉM DO SUCESSO?

Bem lá no início, na Tenda, logo quando Diniz começou a aprender o milagre diário e replicá-lo realmente aumentando o volume de vendas na construtora e a se destacar dentre os corretores das lojas, isso trouxe uma espécie de problema. Quando você se destaca, você não pode ter medo das reações. Olha o que aconteceu. O presidente e o gerente queriam que ele replicasse essa operação, ou seja, o seu modelo de atendimento, a planilha de atendimento que ele criou, de abordagem de venda. Ele queria que o Diniz replicasse e repassasse para os demais, mas ao mesmo tempo não podiam tirá-lo da operação, senão a venda cairia muito.

Foi aí que ele se sentiu refém do sucesso, ou seja, estava indo tão bem ali que o volume de vendas prejudicou o seu crescimento. Então ele aprendeu o seguinte: ele deveria ter sido mais acessível com seus colegas, mais do que ter um bom desempenho só pensando em ganhar deles. Talvez assim ele não teria aquele problema com o sucesso.

Isso retardou um pouco o seu crescimento em alguns meses ou anos. Ele pensava: se eu tivesse trazido meus colegas comigo e, entre aspas, os colocado para trabalhar para mim com aquele grande volume de vendas, não teria perdido muitos clientes grandes, mas isso acabou criando um problema, qual o problema?"

Ser indispensável para a função pode ser um problema muito complicado. O sucesso também pode ser um problema. Ser indispensável para a função em que você está tem dois lados: você pode conseguir um bom salário, você pode conseguir uma boa colocação, mas dificilmente a empresa vai querer te fazer prosperar com uma promoção, porque às vezes você pode não ser, na cabeça deles, um bom multiplicador, um bom fazedor de líderes. Isso é um problema até você quebrar e desistir.

Vinicius, com a minha ajuda, percebeu e começou a quebrar esse paradigma. Ele começou a usar o milagre diário orientado para isso: agora eu preciso formar discípulos; foi aí que ele deu a ideia de criar um Vendedor Líder. Seria um vendedor líder que andaria junto com os demais vendedores para que aquele sucesso se multiplicasse. Depois disso foi inevitável, promoveram-no para supervisor, pela primeira vez supervisor de vendas. Havia um mito que circulava na construtora naquela época: nenhum vendedor tinha se tornado diretor da empresa.

Diniz ouvia falarem: "nunca, é impossível um vendedor virar diretor aqui na companhia, isso é impossível!"

Ele ficou inquieto, mas aceitou o desafio, dizendo assim: é impossível? Então vamos começar. Vamos ter o primeiro diretor-vendedor aqui nessa companhia, já que corretor é muito marginalizado.

Foram alguns anos como supervisor e depois como gerente, mas na sequência ele se tornou o primeiro diretor vindo da área de vendas. Constante. Fazendo valer aquele apelido de quando tinha apenas cinco anos brincando com o fusquinha amarelo com seu irmão e seus primos, FORD 29, diretor da construtora Tenda, sim.

CAPÍTULO 9.

PEQUENOS ENCONTROS

Esse encontro foi um encontro provocado por mim. Eu queria que o Diniz conhecesse esse gerente, e depois esse empresário que era na verdade um jovem cuidando do negócio de seu pai, a construtora Tenda em Belo Horizonte.

Quando o Vinicius foi fazer a entrevista na Savassi lá na central de vendas da Tenda, e a empresa não estava conseguindo vender praticamente nenhum imóvel havia uns meses, seu cunhado o avisou que estavam precisando de corretores de imóvel. Quem você acha que deu um empurrãozinho nisso?

Ele foi lá na rua Clodomiro Amazonas com a Espírito Santo, com o Vinicius utilizando o carro que seu pai, Seu Antônio, arrumou pra ele, um FIAT Palio Bronze, que não podia ser parado em qualquer lugar, pois ele tinha que estacionar sempre numa ladeira pra conseguir ligar o carro depois para sair. Primeiro ele foi entrevistado pelo Ricardo Guedes, o gerente de vendas da loja, que o contratou já no mesmo dia. Primeiro encontro que provoquei. Afinal o Vinicius não podia ser movido por outra coisa senão por teimosia, para deixar a empresa de seu pai, uma imobiliária estabelecida em Contagem, onde podia fazer o que quisesse, horário e tudo, e ir primeiro de ônibus pra essa entrevista e chegar amassado e suado. Portanto, ele foi nesse carro que mais falhava que andava.

Logo nos primeiros dias veio o segundo encontro. Com a venda de seu primeiro apartamento no primeiro dia de trabalho, o apartamento da doninha que ligou e ele não sabia como atender, mas atendeu, a levou e fez sua primeira venda no primeiro dia como corretor, estando atento, ele fez acender um alerta para o gerente, que comunicou logo ao dono sobre aquela venda e outras que foram se multiplicando naquela primeira semana.

De repente uma reunião logo cedo, todos os corretores reunidos para ouvir o dono da empresa. Esse era o empresário Henrique Pinto, chamando a sua equipe para entender o que estava acontecendo na loja que não vendia há semanas, e de repente, mudou o cenário. Antes da reunião ele chamou o Diniz para conversar, foi o primeiro aperto de mão deles, o único que eu precisei ajudar para acontecer. O gente o perguntou o que ele fazia de tão diferente para ter aquele número de vendas ou prospecções, uma palavra que os corretores adoravam, em tão pouco tempo. O Vinicius, apesar de já ser adulto há um bom tempo em 2001, sendo seu primeiro emprego numa empresa fora da família, não tinha a malícia do mercado, e revelou o seu "segredo".

Mostrou a planilha um tanto quanto simples dele. O chefe foi para a reunião e falou: olha o rapaz aqui, mal começou e já fez vendas e criou um sistema para atender os clientes e a partir de agora eu quero que vocês aprendam e faça como ele. Daí começamos sua trilha de crescimento na Tenda.

Diniz foi de corretor para corretor-líder depois, então alguns cargos diferentes como gerente de regionais, até virar diretor em São Paulo e acionista da empresa a convite de seu amigo Henrique, ajudando na expansão do negócio até a abertura do capital em 2007 na bolsa de valores, o famoso IPO, e a venda para a Gafisa.

INSIGHTS
A PLANILHA DA TENDA

PLANILHA DINIZ - ANO 2001 - PRIMEIRO DIA TENDA				
HORÁRIO	NOME	TELEFONE	LOCAL DA MIDIA	APTO DE INTERESSE

Imagem ilustrativa da planilha que Diniz criou manualmente à caneta no seu primeiro dia de trabalho oficial na Tenda em Belo Horizonte, em Agosto de 2001.

"Um nato motivador e formador de pessoas, esse é o Diniz".

HENRIQUE PINTO foi dono da Construtora Tenda antes de ela ser vendida para a Gafisa em 2009, amigo e parceiro do Diniz, atual sócio e presidente da Construtora MetroCasa em São Paulo, empresa em que Diniz é conselheiro para um futuro IPO da empresa que se aproxima.

Quando você se destaca, você não pode ter medo das reações.

CAPÍTULO 10.

ONIPRESENÇA

Resolvi me revelar já e deixar o Vinicius mesmo contar suas façanhas em sua vida como empresário, suas histórias de um vendedor de verdade. Não entenda essa minha decisão como uma "oscilação", pelo contrário, você vai entender que meu jeito de estar presente no cotidiano das pessoas é deixando elas serem protagonistas de suas vidas e assim irem reconhecendo nosso encontro e amizade com o tempo. Depois isso será tão notório que nem ela, nem você, precisarão dizer meu nome para que me reconheçam. Mesmo que eu não esteja mais contando a história, eu estou ali com ele.

Provavelmente você já imagina quem ou o que eu sou, ou como sou. Eu, que tentei contar sobre esse milagre cotidiano e esse encontro que para mim tinha acontecido lá no depósito do João do Beijo. Mas antes de eu revelar, te convido para fazermos um exercício avançado.

Vamos ver o que a Inteligência Artificial daria de resultado com uma função matemática? É algo para mostrar a você um pouco mais como minha escala de atuação é muito ampla.

Eu fiz algumas perguntas para o GPT, veja comigo:

GPT, qual o significado da constante "c" em matemática, álgebra, Pitágoras, integrais?

Resposta:

A constante "C" nas integrais tem um significado importante.

Na matemática, quando calculamos uma integral indefinida, obtemos uma função primitiva, uma antiderivação, de uma função dada. Essa função primitiva é representada como:

$\int f(x)\, dx = F(x) + C \int f(x)dx = F(x) + C$

- $f(x)f(x)$ é a função que estamos integrando (o integrando).
- $F(x)F(x)$ é a função primitiva (antiderivada) de $f(x)f(x)$.
- **CC é a constante de integração.**

O que essa constante significa? Ela representa o valor da posição inicial (ou condição inicial) da função primitiva.

Essa constante surge porque a derivada de uma constante é zero, e ao calcular a antiderivada, não podemos determinar o valor exato dessa constante.

Portanto, a constante "C" é essencial para expressar todas as possíveis funções primitivas da integral indefinida.

Ela nos permite ajustar a função primitiva para diferentes situações ou condições iniciais.

GPT, quem descobriu e como essa constante C?

Resposta:

A constante "C" em matemática tem diferentes significados, dependendo do contexto.

Vou abordar dois deles:

1. Constante de Planck:
   - A constante de Planck, desenvolvida por Max Planck, é fundamental na física moderna. Ela resolveu o problema da catástrofe do ultravioleta e introduziu a ideia de quantização da energia.
   - Seu valor exato é $6{,}62607015 \times 10^{-34}$ J·s ou $4{,}13566743 \times 10^{-15}$ eV·s.

2. Constante de Integração:

Na matemática, ao calcular uma integral indefinida, obtemos uma função primitiva. Essa função é representada como:

$$\int f(x)\,dx = F(x) + C \int f(x)dx = F(x) + C$$

Portanto, a constante "C" tem papéis distintos na física e na matemática, mas ambas são essenciais para entender o mundo ao nosso redor!

GPT, isso tem alguma relação com a lógica onde tudo varia entre 0 e 1?

Respostas:

Sim, há uma relação interessante entre a matemática, a lógica e os valores que variam entre 0 e 1.

1. Lógica e Valores Binários:
   - Na lógica, trabalhamos com valores binários: 0 e 1. Esses valores representam os estados falso e verdadeiro, respectivamente.
   - Os circuitos digitais, como os usados em computadores, operam com base nesses valores binários. Eles processam informações usando portas lógicas (como AND, OR, NOT) que manipulam esses estados.

2. Funções de Ativação em Redes Neurais:
   - Em aprendizado de máquina e redes neurais, as funções de ativação também variam entre 0 e 1.
   - Por exemplo, a função sigmoidal tem a forma:

$$f(x) = 1 1 + e - x f(x) = 1 + e - x 1$$

- Ela mapeia qualquer valor real para o intervalo (0, 1), tornando-a útil para representar probabilidades ou ativações em camadas ocultas de redes neurais.

A relação entre matemática, lógica e valores entre 0 e 1 é ampla e abrange várias áreas do conhecimento!

GPT, o que é mais "constante" na matemática e por quê?

Resposta:

Na matemática, uma constante é um valor que não varia em uma determinada situação ou equação. Ela é representada por um símbolo e possui um valor fixo que não pode ser alterado. Vamos explorar alguns exemplos:

1. π (Pi):
- O número π (pronuncia-se "pi") é a constante mais famosa da matemática. Seu valor é aproximadamente 3,14159....

Ele é um número irracional e representa a relação entre a circunferência de um círculo e seu diâmetro1.

2. Número de Euler (e):
- O número de Euler, denotado por "e", é outro exemplo importante. Seu valor é aproximadamente 2,71828....

Assim como π, "e" também é um número irracional e aparece em muitos contextos matemáticos, como juros compostos e crescimento exponencial2.

3. O Número 1:
- Surpreendentemente, o número 1 é uma constante fundamental.
- Se você tiver 1 maçã, sempre terá 1 maçã. Ele nunca muda e é sempre igual a si mesmo.
- Todos os outros números também são considerados constantes, pois não variam quando deixados sozinhos.

  Essas constantes desempenham papéis essenciais na matemática, fornecendo bases sólidas para cálculos e teorias!

Eu sei que provavelmente você passou por tudo isso aí acima bem rápido sem querer nem tentar entender o mínimo possível, matematicamente inconstante, digamos.

Mas não se preocupe, meu ponto aqui não é que você seja um especialista em cálculo ou matemática, nem que decore isso como a IA e o chatGPT facilmente fazem.

Queria elucidar para você que na vida, assim como em algumas teorias, e até mesmo na matemática, como naquela minha primeira calculadora, ser continuo é imprescindível.

Então agora eu vou me apresentar.

Você lembra que lá no começo desta nossa conversa, nas primeiras linhas em que falo dessa amizade minha com o Vinicius, eu disse que não gostávamos de oscilações, de mudanças sem fundamentos, e também como vimos, até na matemática a Constante é algo contrário a isso, a constante é a base para tudo.

Não à toa eu e ele, o Diniz, como ficou conhecido, acabamos coincidentemente nos encontrando naquela FACIT, a calculadora do depósito João lá no final dos anos 80, naquela alavanca de que ele se lembrava em todos os momentos profissionais difíceis ou impossíveis, e ainda lembra até hoje, que insistindo com competência e paciência, seria possível chegar na solução do problema e contornar para aquilo virar uma solução.

Eu sou a *Constância*

Imagem da "Constância não-humana" criada pelo chatGPT.

(cons·tân·ci·a)[1]

Eu sou um substantivo feminino com esses atributos:

1. Permanência aturada na mesma disposição de espírito, no mesmo desejo, nas mesmas tenções.
2. Insistência inquebrantável na convicção.
3. Perseverança.
4. Persistência; firmeza.
5. [Jurídico, Jurisprudência] Duração.

E minha Origem etimológica vem do latim constantia, que quer dizer: permanência, continuidade, invariabilidade.

É isso sim, essa sou eu, e foi como um milagre do primeiro dia tentar te contar essas histórias através do meu jeito único e permanente de ser. Espero que você seja uma pessoa constante como nós, e continue esse caminho com a gente nas páginas que se seguem.

---

1 "constância", in Dicionário Priberam da Língua Portuguesa [em linha], 2008-2024, https://dicionario.priberam.org/const%C3%A2ncia.

CAPÍTULO 11.

CONTROL ALT DEL

Vou contar algo curioso pra vocês, algo que todo mundo pode estar vivendo e que eu vivi com os meus pais na infância. Eu sempre vi uma dificuldade muito grande, meu pai mudava muito, vendia a casa, eu mudava muito de escola. Eu disse que quando eu fosse casar, que eu queria casar já com as coisas mais organizadas para exatamente não mais viver isso, para ter um pouso, um porto, para ter uma condição financeira mais segura, para que eu não vivesse aquilo de novo.

Eu lembro muito bem, antes de eu casar já queria ter meu apartamento, queria ter um carro para mim, um carro para a esposa. Eu quis fazer isso, porque eu tinha um "trauma" de infância – bem entre aspas esse trauma, mas era. Porque isso não dava certo, muitas das vezes isso nos limita a experimentar as coisas, por causa do que a gente viveu no passado. Às vezes a pessoa abre uma empresa e não vai bem, mas aí já deixou na cabeça dela a impossibilidade de abrir outra, a impossibilidade de tentar de novo. Às vezes a limitação que traz para a gente um histórico anterior de vida é uma inconstância no pensamento de dizer que vai dar certo de novo. A pessoa viveu um casamento, não pode se casar de novo porque foi muito ruim, às vezes um trauma de casa, às vezes o pai muito rigoroso e você não quer ser rigoroso também pra frente, mas se você não for rigoroso, fica achando que não vai ser um bom pai, então eu aprendi muito com isso.

Demorei um pouco a casar, eu posterguei demais, admito, pelo fato de que eu queria casar fazendo diferente do que os meus pais viviam, e isso me trouxe quase um problema, ou seja, talvez eu não estaria casado com a pessoa maravilhosa que eu tenho hoje, porque ela conseguiu ter paciência e aguardar muito tempo, mas não é simples. Nem todo mundo consegue ter esse tempo, ter essa paciência que ela teve comigo, e hoje está tudo ótimo, mas eu poderia ter perdido uma grande oportunidade, e perdi uma oportunidade de ter uma vida de casado mais cedo. Talvez estivesse em outro patamar hoje, até melhor, mas vamos dar crédito a isso pela limitação na minha infância que me fez querer casar mesmo só quando eu tivesse com uma estrutura muito boa, e deixo meu exemplo, isso pode estar acontecendo na sua vida pessoal, na sua vida sentimental, na vida empresarial principalmente, na qual você pode estar com medo de empreender, medo de trocar o CPF pelo CNPJ, ou a carteira de trabalho pelo CNPJ, devido a alguma coisa que te limitou lá atrás, alguma coisa que te trouxe algum problema, alguma coisa que te trouxe algum fardo, e hoje você está com receio de trazer isso de novo à tona, viver isso com medo que você gerou através de algum problema no passado. Pegue os ensinamentos desse milagre diário e simples que estamos falando aqui, dê um *control alt del* e replaneje, reoriente sua vida, não deixe esses medos de bloquearem, vamos juntos viver esse milagre.

CAPÍTULO 12.

GANHANDO TEMPO

Quem vende resolve problema, uma frase quase inocente, boba, mas muito realista.

Um vendedor de verdade, um vendedor bom e que se espelha em bons vendedores, e executa boas vendas, aquele profissional que é preparado e se prepara cada vez mais para vender, para ter resultado em venda, dificilmente vai ter dificuldades financeiras.

Dificilmente por quê?

Porque todo mundo quer comprar algo e todas as vendas são direcionáveis. Então se você é bom vendedor, se você gosta de vendas, certamente você vai dar certo na vida.

O que eu falo da venda é que ela faz uma pessoa antes despreparada (do ponto de vista educacional, porque hoje estamos no tempo de tantas oportunidades na vida para se preparar, estudando muito, fazendo Pós-graduação, fazendo MBA, fazendo todos os cursos maravilhosos que todo mundo de oportunidade tem que fazer) conseguir talvez ganhar o mesmo ou até mais do que esses superletrados, porque ele, com venda e com esforço, consegue realmente virar a vida e virar a chave.

Venda para mim é o maior igualador social que existe, ou seja, o maior tirador de pessoas que se acham pra atrás, sendo essa pessoa um bom vendedor ou vendedora, talvez ele possa vir até a superar os demais, até recuperando um tempo que achava perdido. A venda traz essa possibilidade. O bom vendedor vende de tudo, não tem essa. Para ele ser um bom vendedor, o vendedor de verdade, ele tem que vender mesmo.

Todo mundo vira para mim e fala assim: o que eu preciso para ser um bom vendedor? Nada além de sensibilidade. E o que é a sensibilidade?

Sensibilidade do produto, sensibilidade da pessoa que está ao seu lado. Se você conseguir entender a dor que tá do outro lado, você vende qualquer produto. Você vai saber exatamente se colocar no lugar do cliente, sensibilidade de sentir o que a dor do outro está causando, pois quando alguém procura um produto ou um serviço é porque está doendo algo, ou simplesmente porque é consumista e também aí é uma dor.

Consumismo também é dor, então dá-lhe o consumo.

Quando eu trabalhava no mercado imobiliário, eu adorava quando chegava um casal que morava com a sogra. Era a mesma coisa que tirar doce da mão de criança.

Por quê?

Porque a dor estava ali escancarada. Eu sei como é essa dor, você está ali na sua cozinha de cueca e a sogra passa, você tem que correr para o quarto, aquela correria danada – a dor. Você deixou sua coca na geladeira, está chegando do trabalho pensando naquela coca geladinha, aí você chega em sua casa e alguém tomou sua coca. Esse cara, esse casal, está doido para ir embora e ter seu cantinho, sua casa em paz.

Nesse caso, na verdade, não tem que se discutir a compra, só tem que se discutir o produto que se adequa àquela dor e partir pro abraço, sarar a dor do cliente no ato da venda bem-sucedida. E com a motivação diária vinda do milagre diário, isso vai se replicando e vão chegando essas oportunidades para o vendedor e a vendedora de verdade.

CAPÍTULO 13.

VENDEDOR DE SOLUÇÃO

Quem resolve o problema fica rico, quando a gente começa uma jornada na vida da gente, primeira coisa que vai nos barrar é um problema, obstáculo, uma parada forçada, uma pedra no caminho, um muro na sua frente, isso tudo, tudo é um problema.

Comecei um negócio sem dinheiro, é um problema, comecei a vender, não sou um cara melhor de venda, é um problema, então quanto mais você solucionar os problemas que vêm pela frente, mais a certeza do sucesso que você vai ter, e quando você chegar a um nível de sucesso, você vai começar a resolver o problema dos outros, e quando você começar a resolver o problema dos outros, aí você vai ver o que é dinheiro. Quem é solucionador de problema dos outros, das outras empresas, do governo, da vida, é um milionário, ele escolhe para quem ele vai trabalhar, ele escolhe quanto ele vai cobrar, o mais importante é solucionar o problema.

Tem gente que fala assim: "meu Deus do céu, eu não quero problema." Eu vou te falar: não existe oportunidade sem problema, não existe possibilidade de você ganhar dinheiro sem resolver problema, seja qual for a tua frente de trabalho, o teu negócio, a tua empresa, vai ter problema, e se você solucionar o mais rápido possível, mais dinheiro você vai ganhar.

Tem aquela famosa frase, infelizmente. Se você não quer ter problema, faleça. Agora, se você quer ter problema e quer fazer do problema outra frase famosa, faça do limão uma limonada, você vai ganhar dinheiro. E ainda melhor, se você for um solucionador de problemas dos outros, e tiver uma sensibilidade absurda para conseguir resolver problemas alheios, aí não têm limite o seu potencial de formação financeira e o caixa que você vai levantar. Pode ser na tua empresa, na pessoa física, sendo você um advogado, seja você o que for. Porque tem gente que não soluciona problema, entra no problema e cria outro. Mas não, ser solucionador, pacificador de problema, solucionador comercial, aquele que entra numa venda e ela sai do outro lado: vendido! Sai todo mundo resolvido financeiramente, todo mundo feliz, esse cara tem valor demais, esse tem valor no mercado e no mundo.

Um resolvedor de problema é exatamente o pacificador de problema, é quem transforma uma briga em venda, quem transforma uma confusão societária num equity, quem transforma um problema imobiliário num grande empreendimento, quem transforma uma documentação não tão acertada numa negociação documental assertiva e resolvida. Tem solução para tudo, o problema é que não tem solucionadores. Se todo mundo fosse solucionador de problema nós teríamos muito mais gente próspera do que temos hoje.

> Quem vende resolve problema,
> e quem resolve problema fica rico.

CAPÍTULO 14.

MILAGRE IMBÁTIVEL – PILAR 1 RESILIÊNCIA

Quando a gente fala de milagre do primeiro dia, esse fato que mudou minha vida, a forma de ver como estar motivado a cada dia, estou falando da resiliência.

Talvez os pontos mais importantes da vida de uma pessoa, do empreendedor, da empreendedora, de alguém que realmente quer e vai vencer é a resiliência. Essa palavra é muito utilizada por muita gente, de forma até paralisada, resistente.

Eu sou resiliente porque aguento várias coisas ao mesmo tempo, uma pessoa que consegue ir e voltar ao assunto várias vezes. E é impossível a gente trabalhar com essa conversa nossa de milagre do primeiro dia, ou como as coisas são milagrosas, quando eu não me motivo todos os dias como se fosse o primeiro naquela função, ou o primeiro dia no meu casamento, ou o primeiro dia quando nasceu meu filho, é um filho meu, aquela alegria que eu estava com aquele filho recém-nascido. E por que eu não mantenho essa alegria daí a 20 anos depois de olhar pro rosto dele e relembrar quando ele nasceu? Isso é resiliência. Isso é continuidade motivacional.

A continuidade motivacional não está no fato, ou na situação, ela está intrinsicamente dentro de nós.

Se você não levantar de manhã, respirar e falar assim: *Deus, obrigado porque eu estou vivo, eu não tenho motivos para não ser resiliente e para não acreditar que esse dia vai ser maravilhoso, eu não tenho motivos para não continuar.*

Senão eu viro um moribundo, eu viro um "deixar a vida me levar".

Então, isso está muito ligado a este pilar, resiliência, esse seria o primeiro pilar para a gente conversar sobre a estratégia do Milagre do Primeiro Dia. Resiliência é tudo quando você quer automaticamente acordar todos os dias como se fosse o primeiro, resiliência. Resiliência, é impossível ter essa motivação de que nós estamos falando tanto sem ser resiliente.

O resiliente às vezes tem que achar que é imbatível mesmo, eu resiliente, e tem hora que tem que achar que a gente é peito de aço sim. Resiliência é você sair de casa e saber que você é forte o bastante para aguentar aquela situação. É você entender que você é um resolvedor de problema.

CAPÍTULO 15.

ENERGIA E DIREÇÃO – PILAR 2 ORIENTAÇÃO

Nós temos alguns pilares que são importantes: primeiro a resiliência, e depois esse conjunto de orientação, que eu chamo de propulsão mais direção.

Quando você está dirigindo um veículo, imagina, a 100km por hora, você tem a direção na sua mão e a propulsão nos seus pés onde você acelera o seu carro. Eu digo que propulsão e direção, na vida do cristão, são divididas.

Deus nos dá a condição de acelerar, de dar a propulsão, de correr, até porque nisso tem algo chamado livre arbítrio. Nós podemos decidir quem somos, o tamanho que queremos ficar, a complexidade que nós queremos lidar com a nossa vida, a complexidade que nós queremos lidar com a família, o nível que nós queremos chegar, isso é nosso, mas a direçã é de Deus.

Então muitas vezes você está acelerando, acelerando, acelerando, sem direção. Ou muitas vezes Deus está ali, igual àquelas crianças quando sentam no carro e não sabem dirigir, só ficam balançando o volante, e não podem alcançar o pé no acelerador. Ele está ali tentando achar o seu caminho, te colocar num prumo, te colocar numa direção, mas não tem acelerador. Não há aceleração. Ninguém acelera o carro. Ninguém quer apertar a embreagem ou colocar no modo automático e acelerar.

Aí não adianta, tem um nível que a vontade de Deus só vai te dar se você quiser ir atrás. Então para você conseguir alcançar o milagre do primeiro dia e alcançar essa técnica que a gente acha que é infalível para quem quer ter sucesso, você precisa entender que o seu relacionamento com Deus está muito ligado a isso. Você diz: eu acelero e o Senhor vem comigo. Esse é o pilar da orientação, ter a propulsão nossa com a direção dEle. Tudo em que colocar os seus pés será abençoado, está na palavra, e a condução da nossa vida é assim como dirigir. Você não pode pensar pequeno e citar em suas orações só isso ou só aquilo, diz tudo logo, então você precisa ter propulsão e acelerar.

Juntando os pilares, se você tem resiliência e propulsão, fica difícil segurar, com a direção. Se Deus virar para a direita, você também tem que virar, propulsão não interpreta caminho, só acelera e vai. Você precisa estar bem orientado e confiante. Respira, que ele vai pilotando e dando a direção certa. Vai te dar a direção, você precisa crer.

Assim começamos a acreditar, se creio acelero, se não creio, eu freio, se eu creio eu estou num carro possante, forte, eu acelero e ultrapasso, se não creio e tenho dúvida eu fico para trás. Não adianta, só a direção está boa e não tem propulsão, eu não vou. Propulsão e direção, manual para chegarmos nesse milagre do primeiro dia, todo dia.

CAPÍTULO 16.

PRIMEIRAMENTE - PILAR 3 PROPÓSITO

Se você observar qualquer empresa ou qualquer empresário, eu estou para te falar: 80% dessas empresas ou empresários não sabem o que elas estão fazendo com o negócio delas, não sabem aonde querem chegar, ou em quanto tempo e por que querem chegar lá, a quem querem ajudar com aquilo. Eles não sabem, e eu falo que o planejamento do propósito é mais importante que o planejamento do caixa da empresa.

Uma empresa sem propósito, ou uma pessoa sem propósito, é rasa e realmente vai viver muito pouco, com pouca intensidade, porque nós vivemos por algo.

Um pai que sai para trabalhar pensando nos filhos se dá ao máximo, porque ele tem um amor, tem um propósito de fazer com que as crianças tenham alimento e que seus filhos tenham uma boa vida futura, isso é um propósito bem definido. Agora, quando você começa a falar do propósito de vida, família, saúde, negócios, reino, nós estamos falando de uma coisa muito maior. O propósito é um pilar que, sem dúvida nenhuma, vai trazer para o seu negócio, para a sua motivação, algo melhor, algo diferente.

Eu brinco que a motivação não é um ponto só. Eu hoje eu estou motivado e você também está ou deveria estar motivado por algo. E quando a gente ramifica a motivação em 20 pontos, 30 pontos, você pode estar motivado por uma coisa por dia.

Você pode estar motivado em um domingo, porque no final do domingo você vai à igreja e você gosta de ir até lá. Então você trabalha muito no dia, mesmo que seja no domingo, trabalha feliz, porque você vai à igreja no final do dia. Você trabalha numa semana que antecede uma viagem que você está muito ansioso para fazer e a sua motivação dobra. Você que faz um compromisso financeiro muito grande, quando você adquire um bem, um imóvel, um veículo ou algo do tipo, e você precisa trabalhar para ganhar esse dinheiro. Automaticamente você tem a motivação dobrada ou triplicada. Então o proposito é multidisciplinar e transformador, o proposito não é sozinho, ele está dentro das condições de vida. Por exemplo, saúde, reino, comunidade, o proposito é muito amplo.

Uma pessoa que sai de casa sem propósito, ela vegeta. O que ela vai fazer?

Tudo vai ser só para aquele dia, o que eu preciso cumprir hoje. Mas e o que eu tenho que cumprir até meus 80 anos, qual meu propósito nos próximos 10, 20, ou 30 anos, 40 ou 50 anos? Então as coisas estão muito mais ligadas para que eu me motive.

A motivação sem proposito é muito rasa, frágil, fraca, pobre, pequena, e facilmente desconstruída, uma motivação sem um alvo, sem uma possibilidade futura, ela é momentânea, e pode ser destruída com um simples sopro, ou com uma simples briga ou uma simples confusão, e ser desacelerada e destruída, e isso não queremos, queremos um propósito firme para conseguir chegar no milagre do primeiro dia.

Eu acelero e o Senhor vem comigo.

CAPÍTULO 17.

E SE DER!?

Eu costumo fazer uma pergunta: deu certo e agora? Uma das coisas que mais nos limitam a pensar no futuro, não é pensar só no que vai dar errado, mas sim pensar: "e se der certo?"

Às vezes ninguém pensa isso, ou para e reflete sobre isso, mas pensa o dia inteiro em outros problemas:

E se der certo?

E se der certo, e eu me enriquecer? O que eu vou fazer?

E se der certo e eu tiver uma família muito feliz, saudável e com paz?

A linguagem do mundo é mostrar um rico infeliz. A linguagem do mundo é mostrar uma família de rico infeliz. Uma família abastada financeiramente, na leitura do mundo em geral, mundo que eu falo, mundo mesmo, 7 bilhões de pessoas, é que ser bem sucedido é sinônimo de confusão.

Então o medo do sucesso nos atrapalha muito a se motivar a cada dia, a viver uma vida de automotivação, de cuidado com a energia motivacional, com cuidado de estar extremamente motivado. Porque a receita dá certo.

Às vezes a pessoa está doida trabalhando, trabalhando demais, trabalhando sem parar. Mas ela está morrendo de medo, se isso aqui der certo?

Se isso der certo, como é que eu vou fazer?

Meu irmão pediu dinheiro para o Estado para nosso negócio, agora o Estado vai querer saber e ir atrás de mim. Medo. Ah, eu vou ter problema de insegurança, autoconfiança, porque todo mundo vai querer me olhar de um jeito, ladrão, assaltante.

Se der certo, como é que vou fazer para manter isso tudo? E os impostos disso tudo que eu vou conquistar?

Tenho certeza que muita gente já pensou isso, mas não imaginava que isso é limitante, que isso é um problema grave das pessoas. Uma gravidade extrema. De achar e pensar: deu certo, e agora? Como é que eu vou fazer para manter isso tudo? Quero isso não, logo diz, e já foge do sucesso. Pra mim tá bom só isso aqui, tendo minha casinha, tendo meu carro simples, já é o pensamento do risco do sucesso, do deu certo.

Agora esse medo pega essa pessoa e faz com que ela queira ficar o menor possível, e não que ser menor, ou ter poucas coisas, seja um problema, desde que aquela pessoa não tenha almejado ser grande e no meio do caminho tenha bloqueado e parado, mas sim porque parou desmotivado pelo medo de ultrapassar o pote de ouro lá no final do arco-íris.

Ele parou no meio daquele seu potencial, mas ele parou não porque não tem potencial, ou porque fez algo errado, ele parou porque está com medo de dar certo, e se der certo, já imagina: minha vida pode virar um inferno!

E se der certo? Aí ele para de tentar, é o medo de ganhar, e então o medo de perder, tirando a vontade de ganhar, porque muitas pessoas já falam, que pior do que não ter é perder o que se tinha.

Essas pessoas falando lá do alto de seu medo dizem assim: eu vou ganhar isso aqui, como é que eu mantenho ou vou comprar esse carrão, como é que eu mantenho esse sucesso. E o sucesso é multiplicável Às vezes Deus tá querendo que você tenha um sucesso para usar de testemunho para as pessoas e você está barrando o crescimento.

Deus está querendo te dar isso, e você diz, eu não quero, porque você está com medo. De se expor, e às vezes você tá com tudo na mão e Deus tá lá balançando o volante do carro e não tem ninguém pra acelerar por causa desse seu medo, medo de acabar a gasolina, medo de acabar o gás, medo de ter que recuar, então o medo é o principal ponto e pode negativos que nos dificultam muito de viver o famoso milagre do primeiro dia e impedir de viver nosso propósito.

CAPÍTULO 18.

PERMANEÇA NO JOGO

Meu sonho sempre foi ser jogador de futebol. Aos 10 ou 11 anos eu já sabia que queria jogar bola. Eu queria jogar futebol, jogava das 8h às 17h e ficava inteiro, não precisava de folga nem férias para descansar. Na escola era chamado o tempo todo para jogar bola.

Eu era escolhido nos times para jogar e achava aquilo o máximo. E eu realmente tinha o dom de jogar, eu achava. Eu não sabia se eu seria um profissional, mas eu queria muito. Só que ao mesmo tempo, com 11 anos, eu comecei a trabalhar. Então isso acabou tirando a possibilidade de sonhar com futebol. Os entraves financeiros não me deixavam. Meu pai não tinha condição de me levar para o treino, de esperar lá, de procurar um time para eu jogar. Isso me frustrou absurdamente, por não ter conseguido fazer o que eu queria. Mas na minha cabeça eu nunca matei o sonho. Um dia eu quero ser jogador de futebol. Agora, se eu não for jogador de futebol, tenho que lidar com futebol de algum jeito. E nunca deixei de pensar assim.

Eu me lembro de um treino e depois de um jogo num campo muito grande, e eu me via tão bem para jogar futebol, mas tão bem, mas mesmo assim eu fui reserva de um cara muito pior que eu. Só que o meu nível de competitividade sempre foi muito grande. Eu não concordava com aquilo de jeito nenhum. Então eu pensei, esse negócio não é para mim. Ninguém está me vendo aqui jogando bem, e ele mesmo jogando mal está de titular, e eu de reserva.

Esse primeiro dia, esse primeiro jogo, esse primeiro treino, foi tão traumático para mim. O primeiro contato que eu tive com a bola de forma mais oficial foi ruim. Será que é assim? Será que... Será que tem definição técnica mesmo? Como é isso?

Isso ficou na minha cabeça. Eu não imaginava que Deus ia me dar o potencial, a possibilidade de ser dono de um time. E hoje eu posso simplesmente contratar quem eu quero. Se o treinador não estiver colocando lá a pessoa certa, eu vou chamá-lo no canto e falar, cara, você não serve para a gente.

Brincadeiras à parte, eu tinha um sonho de ser jogador, fui frustrado no meu primeiro encontro com isso, ou seja, no primeiro embate real. A coisa não foi do jeito que eu achava que era, eu jogava bem, eu tinha uma boa relação com a bola, mas eu tinha frustrações ali que estavam além da minha capacidade e possibilidade, e isso me frustrou muito.

Só que eu não larguei, eu queria muito participar disso e viver isso, e queria viver esse sonho e viver essa vida, e isso me propiciou hoje ser um dos donos de uma SAF bem sucedida, dono do Athletic que está subindo para a série B do campeonato nacional, porque eu não esqueci esse sonho, eu sempre fui contínuo, constante no pensamento:

Um dia eu vou ter, um dia eu vou fazer, um dia eu quero fazer, um dia eu quero ser alguma coisa no futebol!

Nem que fosse um fisioterapeuta, um técnico de futebol, um gestor ou diretor, mas o sonho seria realizado, e agora está mais que realizado. Estou lidando com futebol e podendo pisar no gramado mesmo como gestor, e tudo começou com um sonho de menino de querer jogar bola, com aquele primeiro dia, aquela motivação daquele milagroso primeiro dia.

MEMORIAIS

Diniz um dos donos da SAF ATHLETIC levantando a taça do campeonato do Troféu Inconfidência Mineira 2024.

> Tem hora que a gente tem que achar que a gente é peito de aço, sim!

CAPÍTULO 19.

OS DETALHES

Meu casamento foi o verdadeiro milagre do primeiro dia. Eu morava a poucos metros da casa daquela menina que é minha esposa hoje, a minha namorada na época, a Claudia. E eu a olhava sentada lá, na mercearia, onde ela morava.

E eu tinha que encantar, né? Eu tinha 16 para 17 anos. Ela tinha 13 anos. Naquela época ainda, isso podia acontecer. E eu a avistei, acho que, vidrado ali, sabe? A beleza dela, com sorriso, com encanto.

Eu falei pra mim, eu preciso fazer esse dia ser fenomenal. Hoje precisa ser sensacional. Como é que eu vou fazer esse primeiro contato com ela? Vai ser um contato bobo? Um contato simples. E o relevante para mim naquele momento era poder ir naquela mercearia, naquele bairro, comprar alguma coisa e entregar para ela.

Eu fui e falei para ela:

Prazer, eu vim aqui te conhecer!

Sabendo da minha timidez, eu fui lá e comprei um bombom, era um sonho de valsa. Eu queria entregar para ela, mas eu não tive coragem, muito tímido. Eu pedi que a moça da mercearia fizesse isso para mim.

E ali começou 30 anos de convivência, 21 anos de casados, duas filhas. Deus multiplicou até o bombom. O bombom fez esse primeiro dia ser incrível para nós dois. E o primeiro encontro foi incrível também, analisando as possibilidades.

O casamento foi incrível. As nossas filhas são incríveis. Mas eu acredito que tudo começa com a primeira impressão e a motivação do primeiro dia. Estar motivado, muito motivado para estar ali e fazer bem feito.

Tinha no momento o bombom. Eu não tinha um buquê de flor, não tinha uma rosa, eu não tinha um carro bonito para parar na porta e impressionar. Eu tinha o bombom. E aí eu fiz o que estava ao meu alcance, meu melhor, o meu bombom.

O bombom naquele momento abriu portas. Como outras coisas na vida da gente, a gente abre portas. Mais que coisas caras, as coisas simples, as coisas relevantes, as coisas que parecem menos relevantes. Isso ficou marcado para mim, porque naquele momento aquele bombom foi como um sorriso. E esse sorriso rendeu a minha família. E às vezes nós temos tanta possibilidade de fazer o simples, de fazer surpreender nas coisas simples. E às vezes nós queremos rebuscar a famosa frase, o ótimo é inimigo do bom.

Se eu tivesse esperado, aguardado para ter uma caixa cheia de bombom, ou ter um buquê de rosas e não trabalhar com o que eu tinha em mãos, talvez eu não estivesse aqui casado com essa pessoa maravilhosa do meu lado. Uma pessoa que me ajuda tanto, minha outra parte mesmo. O milagre do bombom, o milagre do simples, o milagre do primeiro encontro, multiplicado em infinitos dias no meu casamento e na minha casa, na minha vida, em nossas vidas.

MEMORIAIS

Diniz e Claudia com suas filhas, Manuella e Julia, resultado daquele simples bombom do "primeiro dia".

CAPÍTULO 20.

MARCADO PARA O FUTURO

Lembro quando minha mãe me levou pela primeira vez para andar de ônibus. Como era tão escasso o dinheiro pra gente, era escasso ter abundância, e quando eu vi aquele trocador, o cobrador de ônibus, com aquele bolo de dinheiro na mão, movimentando o dinheiro pra lá e pra cá, com as notas dobradas entre os dedos, eu pensei que eu ia ser cobrador de ônibus. Minha reação na minha cabeça: cara, esse negócio é muito legal, olha o tanto de dinheiro que esse cara movimenta. Cabeça de criança, né?

Aquele momento ali, novinho que eu era, eu achava que aquele dinheiro todo era dele. Ele podia comprar o que ele quisesse na hora que descesse do ônibus, com aquele tanto de dinheiro. Isso pra mim foi muito forte, porque mostrou que realmente existia trabalho. As pessoas poderiam trabalhar pra ganhar dinheiro, movimentar, mexer com dinheiro. E eu ali perto entendendo das coisas, oito, nove anos, já imaginava que eu realmente tinha que trabalhar.

Tinha que correr. Tinha que batalhar. O dinheiro não caía do céu, certo?

Então foi muito incrível isso, aquela imagem, porque eu olhava ele movimentando o dinheiro, as notas entre dedos, como era um tempo de inflação tinha muita nota, muito dinheiro vivo, não existia cartão nem o famoso passe, não tinha no celular o QR code, era simplesmente com dinheiro que se pagava, e percebi o troco em moeda, ou o troco em dinheiro. E aquele pra mim foi assim, foi um despertar, você precisa trabalhar mesmo, o cara tá com esse monte de dinheiro. Então você tem que trabalhar.

E aí isso foi criando na minha cabeça uma forte solicitação familiar pra virar pro meu pai e dizer: pai, eu quero trabalhar. Isso entre 9 e 10 anos de idade. Aquilo foi fermentando, aumentando, até o ponto de eu falar: pai, eu preciso, com 11 anos, eu preciso ter um bom emprego, quero trabalhar. Olha a criança que já entendeu isso.

Até porque tínhamos um sítio em cima e com 6, 7, 8 anos eu convivi nesse sítio. E eu já trabalhava muito, embora não remunerado, mas eu trabalhava muito lá. Então a gente plantava café. Eu me lembro de ter plantado em uma semana mais de mil mudas de café com 7, 8 anos de idade. Eu plantava a abóbora, plantava tudo. E era coisa de final de semana, normalmente não morávamos no sítio, não viramos fazendeiros. Mas isso me ensinou demais.

Me ensinou algumas coisas fortes, por exemplo: se eu não plantar, eu não colho.

Me ensinou que com o café, você tem que criar a sementeira do saquinho preto, jogar remédio na terra, para fazer aquilo florescer, então nasce uma muda pequena, aí você tira aquilo dali, faz uma cova profunda de uns 80cm, aduba o esterco com muita água, e planta o café ali. Depois aquilo vai crescer e vai dar o fruto. Do fruto beneficiado, você vai torrar e moer, e assim vai chegar a alguém para tomar o café.

Isso me ensinou muito mesmo, o que eu só posso perceber que aprendi hoje, me ensinou sobre o tempo, sobre o movimento, sobre como as coisas são morosas em alguns casos. Algumas podem ser aceleradas de acordo com o tempo, outras não, podem talvez ser aceleradas com algumas tecnologias hoje em dia, mas quem plantou colhe, nada substitui o plantio, nada substitui.

Às vezes na venda, no processo de venda, a pessoa acha que colhe sem plantar, e eu aprendi muito isso na minha infância, pra mim não foi em vão trabalhar na lavoura, no café, trabalhar colhendo café, plantando abóbora, colhendo, não foi absolutamente em vão. Eu aprendi a força do plantio, a força da mão, de pegar para fazer, nada é de graça, pegue e faça, nada vem ou cai do céu, eu cresci com isso muito forte.

É o meu primeiro dia marcante, que pra mim foi um dia disruptivo no ponto de vista, antes de escassez, para abundância. Um milagre.

CAPÍTULO 21.

MINHAS TEORIAS
O PCR – PLAN +
CONTROL DEL + ROUTINE

Para se fazer todo dia um dia motivado, todo dia um dia para cima, todo dia um dia energizado, é começar o dia muito bem planejado. Os três pilares para que isso aconteça eu chamo de PCR.

Como tudo na vida, a gente precisa Planejar. Para você chegar no seu dia, durante a noite anterior você tem que ter um momento para um Refresh, uma atualização, um momento que você vai parar e vai planejar o outro dia. Você vai dizer para você mesmo: o que eu tenho que fazer naquele dia? Tudo que eu vou fazer está planejado, os clientes que eu vou atender estão bem alinhados, já mandei mensagem para confirmar, como é que está o meu dia? Quais são as incertezas no dia, com o que eu preciso me preocupar? Esse é o P de Planning, ou Planejamento.

Segundo ponto, eu preciso dar um CONTROL ALT DEL. Eu preciso desligar o que passou do meu dia e do meu passado, não adianta eu encarar um novo dia pensando que algo deu errado naquele dia que eu estou nele. Eu não vou viver o milagre do primeiro dia, eu não vou viver uma motivação diária se eu ainda estiver preocupado que eu chutei o meio-fio com o meu dedo às 10 horas da manhã daquele dia, porque isso é passado, isso já era. Deletar é Controlar, e temos o nosso C.

Terceiro, eu preciso ver ou rever a minha Rota, e automaticamente a minha rotina. Para uma boa rotina você precisa ter coerência, têm que estar muito claras as coisas para você, sem constância é impossível alguém viver motivado, sem se pensar que precisa ser altamente constante. A constância, essa minha amiga que apresenta aqui minha história e é uma grande parceira do meu sucesso, ela é non-stop sem parar, sempre correndo, sempre pensando para frente e que é constante.

Assim você não tem tempo para pensar no passado, constantemente andando para frente, constantemente indo para o objetivo, constantemente cumprindo o plano, sem tempo para pensar em outra coisa. Isso é a constância, e ela precisa de Rotina, e com rotina você vai ter constância e vice-versa, é uma roda do bem. Você precisa estar pensando que no outro dia você tem 12 horas uteis, 10 horas úteis, essas 10 horas precisam ser muito bem preenchidas, e que elas não voltam mais.

Você precisa chegar ao final desse dia com menos coisa para você ressignificar, com menos coisa pra você esquecer, então quando você é constante, vai errar menos e começar a confiar mais em si mesmo, enquanto você for constante dificilmente você vai entrar em apuros.

Um exemplo bem simples é quando você sempre diz para sua esposa que você a ama, ou você é constante em beijar o seu esposo todo dia antes de ir trabalhar. Dificilmente você vai ter um problema nessa relação. Agora, diferente, você beija sua esposa num dia e daí a cinco dias você quer beijar ela, e ela vai pensar ou vai falar assim: o que está acontecendo? O que esse "cara" tá querendo comigo hoje?

A constância é tudo na vida. Quem tá constante tá alerta, quem tá a 100km/h na estrada tá alerta, tá atento aos perigos da pista e da velocidade. Já quem está a 40 ou 60km/h ou está freando, tá inconstante, tá mais propício a errar, na constância tem graça, tem milagre envolvido.

Um vendedor inconstante, ou um gestor inconstante, não tem fome. Quem não é constante geralmente come muito num dia, no outro não come praticamente nada, desregula a fome, mas quem é constante e come certo todos os dias, tem saúde e vai viver bem. Quem é constante tem uma sequência positiva, essa é a palavra, anote: eu preciso ser constante e ter uma sequência positiva.

Fazer o PCR antes de dormir ou assim que acordar é o segredo do vendedor de verdade, o vendedor de sucesso ou bom líder de venda. Porque vendedor com passado ou rancor não vai para a frente e não se motiva, começa o dia chato, ai realmente ninguém vai comprar um produto de alguém moribundo, e ninguém resiste a um vendedor motivado que nunca fala de passado. Pratique o PCR.

MEMORIAIS

Diniz apresentando propaganda em TV aberta para Tenda (Record – 2008), vestido no único terno que tinha, o mesmo terno utilizado em seu casamento com a sua esposa Claudia.

ASSISTA AO VÍDEO AQUI NO QRCODE

TEORIA 2
A SVC - SÍNDROME DO VENDEDOR COMPULSIVO

Existe uma síndrome que ataca todos os vendedores, e ela é muito perigosa. É a síndrome da venda compulsiva. SVC.

O QUE É A SVC?

É querer se livrar o mais rápido possível do cliente, vender a qualquer custo. O bom vendedor ou fechador de negócio, um bom *closer* como chamamos, ele não vende, ele é um apoiador do cliente para comprar, ou seja, ele é quem vai encostar no cliente como um brother, como um amigo, como um conselheiro, como uma pessoa com alta condição para dar explicações do produto. Esse *closer* fecha negócio, ou melhor que isso, muitas vezes ele não fecha negócio, pois é um exímio vendedor. Ele que ouve do cliente, eu quero, "é meu", negócio fechado, dadas as condições de escassez ou de limite que ele coloca de preço e prazo.

Um mix de orientações bem dadas ao cliente vai fazer com que ele queira o produto, mais do que você queira vender. Conduzir o cliente à venda de fato é muito mais eficiente que você "vender o produto" para ele. Será uma venda consolidada que, assim, vai te atrair mais vendas e indicações e uma série de outras coisas positivas.

A experiência de você trazer para o cliente a necessidade daquele produto é cem vezes mais potente que uma venda direta. Levá-lo a comprar, ser um colaborador da vida dele, ou da compra dele, vai fazer você efetivamente chegar ao final de uma venda sem precisar falar uma frase, a frase mais forte de uma venda:

Tá bom para você assim, vamos fechar?

Não vai ter necessidade de você falar isso. Para uma venda bem consultiva, uma venda planejada, e a compra do cliente terminar com a voz dele mesmo, você não precisa forçar nada.

Porque você já levou o cliente a comprar e não o cliente compra de você.

TEORIA 3
O PDF – PREPARAR, DECIDIR E FOGO.

O vendedor de verdade é um vendedor de resultado, que gera resultado para ele, para quem está com ele, para a sociedade, para a empresa em que ele está ou para a empresa que for dele. Eu gosto de usar uma analogia do exército, dos atiradores: o *Sniper*, é o famoso Preparar, DECIDIR (apontar) e Fogo.

Em vendas essas etapas são cruciais, porque são etapas que não têm volta.

Quando você está na artilharia e vai preparar a sua arma, ela tem que estar com munição, limpa, bem cuidada, porque ela não pode falhar.

Você tem que estar bem preparado, arma em punho, bem posicionado, bem colocado, e na venda é assim. Você precisa estar muito bem entendido da sua arma, entendendo a munição dela, entendendo como você está preparado para portá-la, posicionamento, postura, visão, ponto de apoio, onde você está nessa "guerra", nesse campo de batalha.

No apontar, você está pronto com uma arma, preparado, com a base boa, entendeu bem o momento. Você vai apontar a arma, também não tem volta. E quando você aponta, você direciona o seu alvo nesse ponto. Isso é você direcionar o produto para o cliente, praticamente decidir por ele, não pode errar aí. Errou aí, seu tiro vai sair pela culatra.

Então o apontar, fazendo analogia a um atirador, ele já não pode olhar para trás e falar, será que tem bala? Será que eu tenho munição? Será que a munição é suficiente para a gente, para a distância em que eu vou atirar? Tem que estar bem tranquilo daquela decisão.

Será que a munição é suficiente para derrubar definitivamente o alvo? Em quem eu vou atirar? Ou estou usando festim para matar elefante, ou estou usando chumbinho para matar um tigre de bengala? Esse ponto de mirar, de apontar, é no qual você está muito bem preparado, já não pode mais estar no estágio de preparação, você já tem que estar extremamente preparado para já estar a ponto de direcionar o produto, direcionar a venda.

E o atirar já é a parte mais gostosa de qualquer venda, porque você já passou pelas etapas, você está bem preparado, você mirou, você preparou, você mirou novamente, você apontou e decidiu, mirou e está com o alvo em mira, agora é só o simples fato de apertar o gatilho.

Mas aí é que está o segredo. Do mesmo jeito que na guerra e nas armas, o atirador tem técnica, não se pode tremer ou demostrar fraqueza pra arma, e uma vez atirado, não tem volta, você tomou um decisão, apertou o dedo ali no gatilho, você usou tudo que você tinha, a preparação, o apontamento e o tiro.

Na venda e negociação é a mesma coisa, na mesa de negociação você está no ponto de tiro, dificilmente vai ser possível voltar para a preparação novamente, perdeu a oportunidade e a mira, o barulho que aquilo provoca vai fazer seu alvo ou caça ir embora. Logo, o bom vendedor é aquele que está muito bem preparado, mira certo e atira no momento ideal, indo para casa com o prêmio de sua caçada.

Isso parece meio contraditório sendo contado agora, anos após aquela primeira venda da Tenda, no meu primeiro dia de trabalho oficial, porque eu tinha pouco ou nenhum preparo, mas mesmo assim eu atendi aquele telefone, levei a cliente até o apartamento que ela veio a comprar, e no caminho eu disse coisas que eu não tinha certeza que estavam certas ou me levariam a concluir aquela venda, mas eu acho que instintivamente ali eu já sabia caçar, minhas ações me levaram até aquele pedido. Eu tinha o foco e motivação concentrados em atender aquela cliente e entregar da melhor forma possível aquele produto e material para ela ficar satisfeita, foi o momento da mira, e depois atirando, naturalmente eu tive o resultado daquilo que eu mirava, o cheque dela e a venda, a primeira venda, a replicação do milagre do primeiro dia até hoje, me acompanhando e me ensinando a reviver isso todos os dias, foi o primeiro PDF.

Eu preciso ser constante, e ter uma sequência positiva.

"Diniz vende e se vende muito bem!"

ANDRÉ ARAGÃO, diretor do período Tenda e parceiro do Diniz, um dos responsáveis pela abertura do IPO da Tenda e venda da empresa para Gafisa em 2009, hoje é empresário e sócio-diretor da construtora MetroCasa em São Paulo, onde Diniz faz parte do atual conselho que se prepara para um IPO.

CAPÍTULO 22.

URBANIZADORA VINICIUS LEANDRO - URBAVILLE

Foram 12 anos de executivo, 10 anos de executivo na Tenda-Gafisa, com mais dois anos de executivo na ENCCAMP, onde eu decidi, naquele momento, virar uma chave, empreender sozinho o meu negócio.

Eu lembro que a Urbaville nasceu no meu coração, depois de eu lembrar que Ville era de Vinicius Leandro, que é do meu nome. Mas eu não pensei nisso na hora, foi o nome que veio no meu coração e eu realmente quis muito esse nome, eu me lembro de pensar que esse nome Urbaville já devia estar registrado, mas não estava.

Eu fui falar com o dono da ENCCAMP, que era o era diretor, e ele virou para mim e falou assim: não vai sair daqui para abrir empresa, não, abrir empresa não é simples, abrir um negócio não é simples, você vai quebrar. Você é executivo, um bom executivo, fica quieto aqui.

Depois ele me falou, vamos fazer um negócio, vamos abrir aqui essa empresa dentro do grupo, você fica com 20 %, a gente abre uma empresa de loteamentos e a gente segue. Eu falei: nós podemos abrir essa empresa, mas vai se chamar Urbaville, tem jeito?

Ele respondeu: minha empresa é X, e ela vai continuar sendo X. Aí eu disse que estava indo embora. Larguei um salário altíssimo e larguei alguém que queria bancar o meu negócio para ir do zero. Eu comecei a empresa do zero, uma cadeira, uma mesa, uma estagiária de arquitetura e urbanismo e um telefone 0800, uma página de Instagram, uma página de Facebook, um bom site e nada de empreendimento.

E essa hoje é minha história como incorporador. Começou na Urbaville, e depois de 10 anos, com empreendimentos em 20 cidades, ela foi vendida, eu consegui fazer a venda pra um grande grupo. A história da Urbaville está sendo contada ainda, continuo sendo o sócio dela, com muito orgulho.

Às vezes o sonho, nosso sonho, é barrado por informações, por propostas que podem te desviar do foco que Deus coloca como objetivo, e a gente tem que seguir, nada pode te barrar quando você tem paz na escolha. Na criação Urbaville eu tive muita paz, Deus falou: vai, é isso aí, colocou no meu coração, e fui debaixo de muita oração e ganhei de dEle a Urbaville, e eu pude fazer o que toda empresa que cresce precisa fazer, deixar a empresa voar, como um filho que cresceu e vai pra faculdade. E assim foi com a Urbaville, ela decolou.

Na urbaville eu pude colocar em prática tudo que eu sonhava. A liberdade de você empreender era incrível, porque eu vivia num mundo corporativo no qual eu tinha que prestar contas para o board, prestar contas para meu diretor, para o meu presidente, e a liberdade de você ter o seu negócio, a liberdade de você ter a tua empresa e falar que faz dela o que quiser, não tem comparação. A história voltou, como se a constância tivesse me levado de volta para mesa da imobiliária do meu pai, quando eu abri mão das regalias de trabalhar na empresa da família, e agora eu trabalhava na minha empresa, meu negócio.

O hábito de empreender é altamente solitário, e é altamente desafiador, mas tem ganhos que não são palpáveis. Só vai sentir quem tem. Ter liberdade na tomada de decisão, necessidade de falar muitos "não", muita resiliência, um prazer enorme da conquista.

Quando eu fui lançar meu primeiro empreendimento na Urbaville no Parque da Lagoa, eu pude fazer do meu jeito, o estande do meu jeito, o lançamento do meu jeito e com a minha equipe contratada, que eu mesmo treinei. Eu já treinei equipes variadas, mais de quatro mil pessoas treinadas na construtora Tenda e em outras construtoras em que eu passei, equipes inteiras treinadas, eram supervisores, gerentes, mas nada foi mais saudável do que treinar minha equipe.

Na minha empresa nada foi mais gostoso, tudo que eu aprendi lá no primeiro dia de venda nos loteamentos da imobiliária do meu pai veio à tona, e eu consegui colocar em prática com essa equipe de venda. Nós vendemos o primeiro empreendimento, 85 a 90 porcento em pouquíssimas horas, na beira da estrada com um estandezinho de lona, com uma maquetezinha bonita, todo mundo uniformizado, todo mundo muito bonito, tudo alinhado. Ali eu consegui fazer um lançamento do jeito simples, do jeito que a empresa podia fazer, mas vendemos tudo, nós tínhamos a essência da venda e não perdemos a condição de vender, a velocidade, o amor, a paixão pela venda e a fome em buscar a venda a venda bem feita, bem concretizada, porque eram nossos primeiros clientes.

Ali nós estávamos desenhando o papel do vendedor de verdade, vendedor que vende na beira da estrada, no capô do carro, na luz da lua, no amanhecer do sol e do dia. O vendedor de verdade não tem desculpa, ele vende. O gestor de uma equipe de verdade gere uma equipe de vendas de verdade, não tem desculpa. Quem quer faz, quem não quer justifica.

Vários lançamentos foram emblemáticos na Urbaville, mas teve um lançamento em Juiz de Fora, o Reserva Salvaterra, que me lembrou e fez fazer comparação como primeiro lançamento.

Eu lembrei lá do primeiro lançamento do primeiro empreendimento, logo na beira de uma estrada. Em seguida eu lancei o empreendimento em Moeda, com a tenda em cima de uma linha de trem, e o empreendimento foi todo vendido em poucas horas.

Depois nós fizemos esse lançamento em Juiz de Fora, que foi o ápice da empresa, do ponto de vista de qualidade de lançamento, uma estrutura incrível, bem montada, vendido das oito horas ao meio dia cem porcento. Uma estrutura ótima, linda, muito bem feita, estrutura cara, com telão de led, tudo lindo, um buffet maravilhoso, com pessoas muito engajadas, muito bem vestidas, foi a maior captação do mercado na venda.

Pensando naquele primeiro lançamento quando tudo era simples, mas a essência era a mesma, os corretores com o mesmo amor, com a mesma fome, lá do primeiro dia. O primeiro lançamento do Parque da Lagoa, aquele primeiro lançamento do primeiro dia, aquele mesmo brilho nos olhos estava lá em Juiz de Fora com a turma, estava em Cataguazes com a turma, estava em todos os empreendimentos que nós lançamos.

Estava lá o milagre do vendedor de verdade, o milagre do primeiro dia, a vontade do primeiro dia, a vontade do primeiro momento, o primeiro start, o primeiro aperto de mão, do primeiro cliente, do cliente número 1 que entra no lançamento, que ganha a ficha número 1, até a ficha número 100, com a mesma vontade, a mesma fome de vender, o 1 ao cliente 150 ou mais.

Todos os lançamentos da Urbaville foram assim, o mesmo espírito, em 10 anos de vida ela alcançou a maioridade, começou a incomodar o mercado e aí foi vendida. Eu vendi o controle dela para o grupo Vitória da União, e missão cumprida.

Empresa boa tem que voar e seguir, o maior sucesso de um empreendedor é o Equity, quando ele consegue fazer tudo tão bem na empresa dele que faz as pessoas quererem aquela empresa ou aquele negócio, fazendo tão bem que querem ela perto, querem ficar com ela, é sinal que foi bem feito.

Eu sei que não fui só eu que fiz bem feito isso acontecer, foram todos os vendedores e colaboradores que passaram e compraram a ideia do primeiro dia, desse milagre diário, eles que fizeram isso se manter sendo excelentes do primeiro dia até o último, porque esse primeiro dia do milagre precisa ser replicado em todos os outros dias.

MEMORIAIS

Momentos Diniz na urbanizadora Urbaville, empresa iniciada com ele sozinho em 2012 e vendida em 2022 por mais de 6 dígitos.

Tem coisas em nossas vidas que não vão depender só do nosso braço!

No sucesso da Urbaville eu me deparei com uma das decisões mais difíceis que eu podia tomar na minha vida. Queria tentar ser o vendedor tão de verdade, que eu ia ter que conseguir vender a minha máquina de venda, vender a produtora de venda.

Era o ápice da venda vender uma empresa de venda. Era o ápice da venda vender uma empresa, que era uma máquina de vender e derreter produtos que era a Urbaville. O vendedor de verdade, às vezes, vai vender coisa que ele não quer vender.

No fundo eu sempre soube que ela precisava andar naquele momento, mas eu não queria vendê-la. E um dos pontos e dissabores que podem acabar prejudicando o milagre do primeiro dia é o desalinhamento societário. Os sócios têm que estar alinhados nisso, em qualquer tipo de sociedade. O princípio da motivação tem que estar muito alinhado.

Uma das coisas que destrói a motivação das pessoas é o desalinhamento profissional e empresarial com os sócios: sócios com definições distintas, sócios com tomadas de decisões distintas, com focos e fusos distintos.

O milagre do primeiro dia dificilmente é replicável em operações em que os sócios são descasados, desproporcionais, quanto ao espírito e ao foco da companhia. Eu vivi isso algumas vezes na Urbaville, em sociedades que não foram tão bem, mas não porque as pessoas são ruins, muito pelo contrário, as pessoas foram ótimas, extremamente importantes para o crescimento da empresa.

O alinhamento da motivação diária é muito próprio, ele é muito de cada um. Às vezes você está altamente motivado para buscar algo com muita fome, mas o seu sócio não está. Isso atrai um descasamento societário, uma perda do aspecto societário.

Às vezes está bem a empresa, mas não tem alinhamento. Alguém quer correr demais porque está com fome e outro quer puxar o freio. Esses são desalinhamentos societários, muito perigosos. Foi aí onde eu aprendi.

A sociedade tem de ser muito bem alinhada, tem de ter porta de saída, porque quem está muito antenado em fazer dos primeiros dias os melhores dias da vida da gente, repetitivamente, com constância, com muita constância, se não tiver um sócio que não esteja alinhado com isso, certamente vai estar fadado ao fracasso societário.

E nada frustra mais do que um fracasso societário. Nada frustra mais que um casamento destruído por causa de alinhamento de motivação. Todo tipo de alinhamento é motivacional para cada um.

Eu voltei lá nos meus olhos, era o primeiro dia de trabalho, no depósito. Falei: cara, no outro dia eu estava no depósito, separando tudo. Com o pé no banquinho, usando a calculadora de manivela. E hoje eu estou aqui discutindo alguns milhões de reais em venda. Isso não pode me desmotivar. Eu tenho que manter o primeiro dia forte. Eu tenho que manter o milagre do primeiro dia aceso. Eu tenho que manter. Porque se eu recuar, eu estou indo contra tudo o que eu desenvolvi até aqui. Tudo o que eu criei, tudo o que eu coloquei em prática. Então eu fui em frente.

Então veio o processo de preparação para a empresa para ser vendida. Tinha sócios à época, muito bem alinhados. E a gente começou a se preparar para o Equity. A forma de organizar a empresa e organizar os números, preparando para uma venda e uma operação, motivado e animado, mesmo vendendo essa empresa que carregava meu nome, ia chegar o dia em que eu pegaria uma caixa de papelão, colocaria as coisas da minha sala, e seguiria minha vida.

Eu aprendi muito nesse processo, eu aprendi que as coisas são como filhos às vezes, a gente cria para o mundo, e aprendi que a empresa que deu certo não é a que está com você, na sua mão, mas é a empresa que você conseguiu vender, conseguiu realizar e deixá-la madura pra outra pessoa tocar, e tocar aquele negócio.

Uma empresa que depende do dono não pode ser vendida, mas uma empresa com processo, organização e estrutura pode ser vendida. E foi um grande aprendizado, numa operação de venda de vários dígitos em seis meses de operação e negociação, a Urbaville tinha tomado um rumo em outras mãos e outra gestão, como um filho que veio, nasceu e cresceu, e foi para a faculdade em outra cidade, e vai seguir o rumo dele.

A fidelidade é a chave de muita coisa.

CAPÍTULO 23.

NEGÓCIO DO TIO SAM – FOUR SEASONS

Eu estive nos Estados Unidos de férias e fui encontrar um grande amigo de infância, que tocou comigo em uma banda evangélica. Ele tinha decidido ficar nos Estados Unidos, ainda não documentado, mas com uma vontade muito grande, porque estava muito chateado com o Brasil, dados os acontecimentos com ele aqui. Um advogado brilhante, quase um juiz, e agora estava nos Estados Unidos buscando outro cenário. Eu estive com ele, batendo papo, saímos para jantar, fui entender o que ele fazia, então perguntei: cara, mas o que você está fazendo?

Ele me disse que estava trabalhando com janelas, portas, com a história de instalação, aí eu falei, cara, mas você já trabalha com isso e conhece o ramo e tudo para essa instalação e esse negócio, não sei... você acha que tem já habilidade para montar uma empresa dessas? Ele me disse ser complicado, recurso. Eu falei pra ele, vamos lá, do que precisa?

Colocamos no papel, ele precisava passar numa prova de uma determinada licença, e assim exercer a profissão e abrir o negócio, então nós combinamos a parte financeira e ele começou a fazer. Eu o impulsionei para pegar a mão no arado, e ele topou. Ele sempre foi muito inteligente, deu o passo, foi em frente, passou na prova, a gente trouxe os investimentos e abrimos a empresa de janelas em Boca Raton na Flórida.

Precisávamos de um nome para a empresa, e chamamos de Four Seasons, eu me lembro da primeira venda, do primeiro produto instalado, da grande mídia que nós fizemos. Eu me lembro do quanto foi difícil, desafiador e diferente, empreender nos Estados Unidos, mas a hora que a gente bate alguns milhões de faturamento de dólares, a gente pode entender que nós entramos por outra porta de sucesso, e o recado aqui não é dizer que o sonho americano existe, o recado aqui é dizer que as portas se abrem, e você pode entrar de várias formas.

O Marcelo podia ter ficado doente e ser apenas mais um imigrante que vai trabalhar nos serviços mais precários dos Estados Unidos, mas ele decidiu cavar, ele decidiu falar muito bem o inglês, tudo é mérito dele, ele não ficou parado, para aprender inglês tem que ter muita constância, ele aprendeu, falou, fluente, com isso ele conseguiu passar numa prova em que muito norte-americano reprova.

Com ele conseguimos montar uma empresa que hoje tem funcionários, inclusive americanos. Então havia o sonho de ser um imigrante nos Estados Unidos, pois você tem muita gente que vai ficar 20 anos lá trabalhando na mesma função, e não tem problema nisso, é uma escolha. Mas você pode escolher também entrar e se igualar às pessoas, se igualar aos norte americanos, e ser um empresário de sucesso, ter uma empresa de sucesso como a nossa.

"Vamos trabalhar, que a experiência nos encontra e nos surpreende!", frase do Diniz decorada e citada por Marcelo.

MARCELO TORRES, sócio da empresa FOURSEASONS em Miami nos EUA, amigo de infância e de igreja na adolescência de ambos, tocavam na banda Terceiro Céu, Marcelo como contra-baixo e Diniz na bateria, parceria e amizade de anos que virou sociedade em 2017 e em 2019 a empresa decolou. Hoje fatura seis dígitos de dólares anualmente.

CAPÍTULO 24.

PEDRAS NO CAMINHO?

Tive situações da minha vida em que eu tive que escolher entre o braço vendedor e empreender em áreas que talvez eu não fosse tão vendedor, mais empreendedor. Não é que me chamaram para entrar de sócio num projeto de estacionamento? E eu não me via fazendo o que eu faço, eu não me via fazendo as coisas acontecer através da venda, através da negociação, através da persuasão, através do *closer*, do fechamento do negócio.

Então eu abri mão disso. Confesso que eu me arrependo, porque hoje é uma das maiores empresas de estacionamentos do Brasil, e eu poderia ter entrado como sócio nela. É um arrependimento, sim, mas nada tão forte, mas foi uma escolha pela vocação, uma escolha para tudo que eu acredito, que eu não consegui talvez exercer como vendedor de verdade, vendedor nesse negócio, e fazer a venda mudar.

Depois eu vi que poderia: venda cabe em tudo, a venda e o vendedor de verdade cabem em qualquer empresa, qualquer segmento, produto, serviço, indústria. O vendedor começa o dia vendendo sua imagem, começa o dia vendendo um sorriso, tudo é venda, tudo é negócio, tudo é convencimento, tudo é relacionamento, tudo é network, isso tudo é um processo de venda.

E às vezes não tem explicação, simplesmente não dá certo, ou parece que não dá certo, porque não estamos vendo a costura por trás do tapete, como na minha infância com o sonho de jogar futebol. Parecia que a motivação do primeiro dia tinha sido frustrante, saber que tem coisas em nossas vidas que não vão depender somente do nosso braço, às vezes depende do meio com que você tá convivendo, depende de quem está do seu lado, depende da "sorte", depende de estar no lugar certo. Nem sempre o primeiro dia é o milagre, ou é motivacional, às vezes ele é frustrante para te alavancar, às vezes é de derrota também, mas o que vale é a constância, isso não me derrubou e me fez voltar mexer no futebol e ter o sucesso que tenho hoje.

CAPÍTULO 25.

UM VENDEDOR
DE VERDADE

O vendedor de verdade é o vendedor verdadeiro, que se preocupa com o produto, preocupa com a verdade na lata, literalmente, ser a verdade, agir com a verdade e não ficar com medo da verdade.

Ao longo da minha vida, eu acompanhei vendedores de todo tipo, que tinham muito receio que a verdade derrubasse venda. Ao longo da minha vida de construção civil, eu me identificava com medo de falar, por exemplo, que o material da pia, da cozinha, era um material sintético e às vezes mentia para o cliente. Porque a pia era de granito. Lá na frente, quando o cliente recebesse o apartamento, ele diria: mas o vendedor falou para mim que no documento estava outra coisa, porque o vendedor de uma empresa, por incrível que pareça, era o mais confiável na visão do cliente.

A pessoa mais confiável para o cliente numa operação de vento, seja de carro, serviço, imóvel, roupa, vestuário, é o mais confiável, porque é o primeiro impacto que a primeira pessoa, o cliente, tem contato. Então, ele tem que ser verdadeiro. Mas a verdade, às vezes, dita de um jeito errado, derruba venda mesmo. Até pra falar a verdade, é com técnica. Até para a verdade, verdadeira, nua e crua, precisam-se de técnicas pra falar.

Dependendo se a verdade for muito óbvia, às vezes falá-la, mesmo assim, pode suar a mão. Então, existem técnicas de treinamento para tudo, principalmente para falar a verdade. A verdade cabe em todo vendedor. A verdade cabe em todos os aspectos. A verdade multiplica a venda. A verdade atrai bons clientes, boas indicações. Às vezes, até uma venda não vai acontecer por excesso de verdade. Mas nunca o vendedor vai sair perdendo se estiver falando a verdade. A verdade constrói algo forte e sólido, tira o peso de consciência, e transforma carreiras, porque uma carreira pautada em mentira não dura muito. Às vezes essa pessoa faz uma venda, mas não faz bons vendedores. Quem mente num processo de venda não é vendedor, está vendedor. E quem é vendedor ou gestor de vendas, não compactua com mentira, uma hora a coisa vai desabar e não vai ter um final feliz. O atributo que parece óbvio do vendedor de verdade, é ser de verdade, gostar da verdade, criar técnicas, sim, para dizer a verdade, mas de um jeito que aquela verdade não interrompa o processo de venda. Há formas e momentos de se colocar a verdade, ao ponto de ela não atrapalhar o processo de venda tendo impacto negativamente na tomada de decisão do cliente, esse é o vendedor que chamo de verdade.

"Ser o melhor é estar no topo. E pensar os melhores E SE: e se não der certo? E se demorar? E se...?", frases e experiências atribuídas ao Diniz por Sabrina.

SABRINA GARCIA, parceira profissional do período Tenda (2002-2012), iniciou na construtora com 19 anos na mesma semana de agosto com Diniz, era reconhecida no Atendimento ao Cliente "por trabalhar muito", saiu com 29 anos como gerente de crédito e em seguida assumiu como Diretora da Rodobens aos 30 anos. Hoje é diretora na Cury em São Paulo e referência profissional e pessoal do Diniz.

Quando ela comprou seu primeiro carro, ainda não tinha habilitação, foi Diniz que foi acompanhá-la para retirar o carro. Ela recorda que ele buzinava pelas ruas e chamava atenção dos carros nos sinais gritando: é o primeiro carro, é o primeiro, BIIII, BIIII, algo que ela nunca vai esquecer.

O milagre do primeiro dia, o primeiro de tantos carros da Sabrina.

Vendedor de verdade é um vendedor que nasce vendedor. E o vendedor que se transforma em vendedor com técnicas. A venda é treinável. Agora, vontade, fome, resiliência, muitas das vezes não é treinável.

A venda nasce, vem de dentro. Vem de uma criação, vem de um trauma, vem de um problema. A vontade de um profissional está ligada a muitas coisas. Muitas Principalmente aonde ele quer chegar.

O vendedor de verdade está onde tira. O vendedor que é provado, testado. Ele é o que não se abate. Toma não e voltar para o fronte. Toma sim, comemora. A maioria dos vendedores de verdade, vendedor que pega o boi pelo chifre, que não desanima, que não se abate, toma paulada e volta.

E se ele for gestor, ele vai treinar a maior equipe do mundo. Se ele for dono de empresa, ele vai ter melhor equipe de venda na sua empresa. Eu não conheço ao longo da minha história, um agente de venda, um analista de venda, um vendedor, um gerente de vendas, que não tem um objetivo com aquilo que ele está fazendo.

O vendedor sem objetivo é oco, ele é vazio. O vendedor de verdade trabalha por alguém. O vendedor de verdade trabalha por um ideal. Ele só vai conseguir todo dia ser altamente motivado para ser um vendedor de verdade, se ele tiver um objetivo, seja ele familiar, seja ele com os filhos, seja ele com o processo de crescimento dele, seja ele com uma viagem, seja ele com uma conquista.

O vendedor é motivado pelo próximo passo. Até porque no dia 30, suas metas batidas ou não, no dia 1º, ele volta a ser sapo. Ele era príncipe e volta a ser sapo ou volta para o milagre diário.

Vendedor de verdade é aquele que é *workaholic*, do bem, que vende muito bem, que gosta, que acorda motivado, que é altamente motivado, faz as pessoas ao seu lado serem irradiadas pela sua motivação, vontade de vencer fundo, tem determinação, é aquele que exala vontade. As pessoas querem ir ao lado dele, é aquela pessoa que tem tanta alegria de fazer o que faz, seja vender, seja gerenciar, é sempre uma aula de fome, de vontade, de buscar, de entregar, de servir.

Então para o vendedor de verdade, esse terceiro ponto é o que serve. O vendedor não é nada mais do que um colaborador do cliente, o que serve. O vendedor tirador de pedido está com os dias contados, se já não acabou.

Vendedor é consultivo, vendedor é o que entrega o que o cliente está precisando, produto ou serviço, e não é o que força o cliente a comprar algo, e sim consulta o cliente, dar uma consultoria do cliente até isso certamente vai vender muito mais.

Aquele que toma a característica de servir, o bom vendedor de verdade é o vendedor serviçal, serve cliente, serve cliente, serve. Temos muita gente trabalhando com processo de venda que quer ser servido, quer que o cliente compre dele, quando na verdade ele precisa vender pro cliente, serviço, atendimento, gratidão, carinho, olhar, sorriso, e às vezes ele quer simplesmente um cheque, talão de pedido assinado, e tchau, não vai se manter como um incrível gestor de venda, ou incrível empresário de alguma empresa de venda de serviço ou produto, não vai se manter. O vendedor ou consultor, ele tem vida longa, ele tem pertencimento ao processo comercial, porque sempre vai ser requisitado, sempre vai ter o nome dele cotado, sempre vai ser lembrado pelos clientes, não como aquele que vendeu um produto maravilhoso pra ele, mas aquele que deixou a melhor experiência para o cliente, seja no produto, ou em um serviço de aquisição, deu o melhor atendimento, tratou a família como melhor poderia, tratou o cliente com cuidado, fez um pós-venda adequado, ligou para o cliente para parabenizar pelo aniversário como um consultor excelente e atento, aquele que em um momento indesejado dá atenção pro cliente ligando pra informar que o produto não chegou no prazo. Ninguém segura, ninguém consegue segurar um vendedor ou gestor de vendas servidor que serve, que é servo da operação, servo da empresa, servo do cliente, servo da companhia, esse literalmente não precisou vender, e certamente comprará um dele no serviço.

CONSTÂNCIA:
Atributo da pessoa que permanece fiel aos seus princípios, à sua fé, ao seu modo de vida.

CAPÍTULO 26.

FINAL – MILAGRES SÃO ETERNOS

Falei com vocês nessas páginas utilizando em alguns momentos a voz da minha amiga fiel – ou eu que sou amigo fiel dela? –, a minha funcionária, como eu costumo dizer brincando, a Constância, porque constatei que ela de fato é determinante em minha história desde aquela calculadora em 1989 quando construímos uma amizade que quase sem eu perceber me conduziu para ser o que eu sou hoje e os sucessos que tive, os insucessos como aprendizado também, e as conquistas que estou tendo e ainda terei em minha longa trajetória de vida.

Aprendi também mais que isso, que a minha amiga Constância, não é nem será a mesma Constância que será sua amiga, cada um vai ao seu modo criando e trilhando um caminho diferente junto com ela, então será a amiga constância do Pedro, e a constância da Julia, a constância do Daniel, e a amiga constância da Claudia, a sua constância, do seu jeito, com Deus e com sua religião, com as vivências que você construiu e que vão te ajudar a ter isso que eu chamei aqui de milagre do primeiro dia, constantemente e todo dia, replicando essa motivação na sua vida.

O milagre do primeiro dia é exatamente a motivação do primeiro grande dia das nossas vidas. Às vezes é um primeiro dia do trabalho, primeiro dia de namoro, primeiro dia de casamento, primeiro dia do nascimento de um filho, uma filha, primeiro dia de constituição de uma empresa, aquele primeiro dia de existência de um CNPJ, toda aquela empolgação, primeiro dia de uma viagem internacional, primeiro dia de uma viagem de avião, primeiro dia dirigindo um carro com a sua carteira de motorista nova que acabou de tirar, primeiro dia de um carro zero da concessionária, são motivações muito diferentes, são motivações incríveis, são dias incríveis.

Nesses dias nós temos muita motivação, acordamos mais animados, acordamos com o poder de realização muito grande, ao longo do tempo essa motivação vai se esvaindo, vamos perdendo esse desejo, essa vontade, essa paixão, esse calor, essa fome. Quando você está no primeiro dia de uma atividade que você almejava tanto, no primeiro dia que transformamos em milagre, em conseguir milagrosamente replicar esses dias, ou seja, o meu primeiro dia de casamento com uma pessoa que eu amo, se eu conseguisse replicar todo aquele amor, paixão, companheirismo, carinho, do primeiro dia nos próximos cinco, 10 anos, ninguém teria um problema de casamento. Se eu conseguisse replicar o primeiro dia do nascimento de um filho, o carinho, amor, o afeto, a preocupação com todos os dias do meu filho, talvez eu teria a melhor criação de um filho.

O que é constância pra você? Constância pra mim está muito ligado a hábito, mas está mais ligado a alvo também, foco. Um exemplo simples de constância, muito simples, é uma viagem. Você faz uma viagem pra praia. Eu, como bom mineiro, adoro uma praia. Então pego minha família e digo: vamos para a praia, vamos para Cabo Frio. Eu preciso chegar lá, é o meu alvo. A minha constância para fazer com que essa viagem seja segura, seja rápida, seja planejada, mas ao mesmo tempo pode ter desvios, pode ter um acidente que eu preciso desviar, certamente vou ter uma parada que eu vou parar pra lanchar, mas ao mesmo tempo eu tenho que me manter na estrada. Eu só vou chegar no alvo, em Cabo Frio, se eu me mantiver na estrada, focado. Não adianta eu falar que vou parar aqui na parada e daqui a pouco eu chego. É quase impossível chegar no meu objetivo que é a praia.

Eu só vou conseguir chegar no meu objetivo se eu me mantiver na estrada. Eu entendo a constância como uma forma de você se manter em movimento. Constância pra mim é movimento.

Constância pra mim é estar sempre buscando aonde você quer chegar. Aí você mantém uma constância. Constância, se manter constante, quer dizer se manter repetitivo sem estar no mesmo lugar. É repetir as ações sem que você esteja estagnando.

Constância é seguir em frente rumo ao objetivo, mas mantendo hábitos simples e mantendo os limites, tanto de exceder a velocidade quanto de andar muito lento. Constância é manter um certo padrão. Constância pra mim é manter um movimento retilíneo em busca do meu alvo. E qual é o seu alvo?

Eu sei qual é o meu, a cada dia.

Eu enxergo a constância na minha história de vida. Quando você sai de uma dificuldade, quando você nasce e é emergente, essa constância não chega. A graça está na constância.

Pra quem acredita como eu, Deus se agrada da constância. Deus fala que vai abençoar o passo. Para você ter e crer, você precisa dar o passo, você precisa se manter ali no caminho, seguindo. Não dá para você ter fé em algo e parar no meio do caminho.

Em muitos episódios da minha vida, a constância que me fez chegar. Às vezes, muitos me desanimaram no caminho. Quando eu estava em uma construtora, todo mundo falava: cara, não dá, esse mercado está muito ruim. Mas eu falei: se eu creio, eu tenho que me manter constante. Se eu creio, preciso continuar. Mesmo que as coisas estejam apontando aparentemente pro lado errado para a maioria, se eu creio, a constância está ligada à crença, e eu vou prosperar.

A constância está ligada, eu acredito que está lá na frente. Então, na minha história de vida, a constância é parte do meu dia a dia. Se manter constante, quer dizer, se manter preocupado com a família, ter que dar um beijo na filha todos os dias. Constantemente eu preciso beijar a minha filha, um beijo de bom dia, de boa noite, constantemente eu preciso dizer para a minha esposa que eu a amo, constantemente eu preciso fazer o meu devocional, pedir ao Senhor Jesus que cuide dos meus passos, constantemente eu preciso ligar para meus pais para saber como eles estão, constantemente eu preciso saber se o meu negócio é rentável, se ele precisa de ajustes.

Constância quer dizer preocupar com tudo, sem esquecer o alvo. Constância é alvo, mas ao mesmo tempo é dia a dia. É o pequeno e o grande. É fazer o que tem que ser feito. É o feijão com arroz feito todo dia. É o tijolinho sobre tijolinho da obra.

Um prédio de 100 andares nasce no primeiro pavimento, no primeiro tijolo, no primeiro piso, na primeira laje. Ele não começa do centésimo pavimento. A constância o faz ficar pronto. Você não vai começar um esqueleto de um prédio começando pelo último andar.

Você começa pela constância do primeiro, da constância do segundo, da constância do terceiro. Ser constante para mim é base de vida. Em tudo na sua vida que você for constante, se você for uma pessoa que vai para uma viagem e muda o curso, ou que começa o casamento e para, não vai prosperar.

Se existe um segredo para ser constante? Sim!

As pessoas hoje em dia estão com o TDAH, com déficit de atenção, são pessoas com dificuldade de ser constantes, até pela internet, as pessoas estão fazendo uma coisa e logo mudam porque acharam algo mais interessante na próxima zapeada.

Eu vi um coach que falou que não era aquele o caminho, era outro, e quem assiste para de ser constante porque escutou o suposto coach. Você para de acreditar, as crianças hoje ficaram muito voláteis. Você precisa acreditar no que você está fazendo, e hoje ficou muito difícil porque você muda e pode querer mudar a cada minuto.

Então o segredo para ser constante, se é que existe um grande segredo, é você não tirar os olhos do alvo. Então se você tem o alvo no seu casamento, do seu melhor casamento do mundo, você precisa ser constante nos detalhes dele.

Se você tem um alvo de ser chegar à sua empresa, ter uma big empresa, você precisa estar com um alvo nisso e ser constante no dia a dia. Se você quer ser o melhor profissional da tua área, você precisa ser constante no que você faz.

Eu vou ser aquele profissional ali. O problema é que as pessoas desviam o foco e aí perde a constância. Quando você desvia, você perde a constância. Quando você está numa estrada, indo para a praia com a sua família, e você para e vai comer um lanche, se você não ficar atento para o fato que você precisa voltar para a estrada, você perde a constância. Era para parar meia hora, mas parou quatro horas. Coisas simples, mas perdeu a constância e às vezes vai comprometer sua viagem. Compromete pegar uma estrada à noite quando você não está preparado para uma estrada noturna. Compromete os seus filhos dormirem no carro e não ver você chegando onde você quer chegar e ter o prazer de jubilar a chegada. Trazendo para o mundo real, a constância, ela é muito importante.

Constância é igual a responsabilidade. Você estar preocupado com detalhe a detalhe. Preocupado com seu dia a dia. Eu falo que a constância é um tiquinho bem feito todos os dias.

Constância é um tiquinho bem feito todos os dias.

Se eu conseguisse trabalhar como o primeiro dia do meu primeiro trabalho ou na minha primeira empresa com aquela paixão, se eu replicasse a motivação do primeiro dia de trabalho, talvez eu seria o melhor profissional da existência da empresa, ou minha empresa seria a empresa mais valiosa do mundo.

Se todos nós dirigirmos nossos carros como dirigimos a primeira vez que tiramos a carteira de motorista, sendo um bom motorista, é claro, o trânsito será mais seguro e melhor para todos, você e eu estaríamos sempre com muita atenção, você estaria muito antenado, preocupado com os detalhes, e assim todos contribuiríamos para um mundo melhor e menos caótico, um mundo movido pelo milagre do primeiro dia.

Enquanto isso não é possível e nem todos ainda têm essa sensibilidade, esse radar ligado, para esse milagre que está disponível, vamos nós mesmos replicá-lo por aí. Te convido a multiplicar o milagre simples de reconhecer essa perseverança na amizade com a constância, e a viver as coisas cotidianas de formas que transformarão para melhor nosso mundo e que nos convoquem para outro mundo celeste quando não estivermos mais aqui.

Vinicius Leandro Diniz, mais um dia.

CADERNO
DE IMAGENS

Momentos no Athletic

Diniz com a 1ª funcionária da Urbaville

Geane de vestido a esquerda, com a equipe e Diniz comemorando os 7 anos da Urbaville.

Diniz na Urbaville

Henrique Pinto a esquerda, com Diniz no período TENDA.

Geane em um lançamento Urbaville.

Empreendimento Parque da Lagoa.

Diniz em mesa de venda.

Lançamento do empreendimento Reserva Boa Ventura.

Equipe do Lançamento do empreendimento Reserva Boa Ventura.

Diniz e Geane em coquetel da Urbaville.

Diniz em mesa de venda.

editoraletramento
editoraletramento.com.br
editoraletramento
company/grupoeditorialletramento
grupoletramento
contato@editoraletramento.com.br
editoraletramento

casadodireito
editoracasadodireito.com.br
casadodireitoed
casadodireito@editoraletramento.com.br